本书由湖南工商大学理论经济学学科和湖南省国际经济与贸易一流专业资助出版

国际竞争新优势视角下的

贸易强国

评价指标体系研究

谭飞燕 罗双临◎著

中国财经出版传媒集团

经济科学出版社
Economic Science Press

图书在版编目（CIP）数据

国际竞争新优势视角下的贸易强国评价指标体系研究/
谭飞燕，罗双临著 . —北京：经济科学出版社，
2021. 10
ISBN 978 - 7 - 5218 - 3000 - 2

Ⅰ. ①国…　Ⅱ. ①谭…②罗…　Ⅲ. ①对外贸易 - 评
价指标 - 研究 - 中国　Ⅳ. ①F752

中国版本图书馆 CIP 数据核字（2021）第 216332 号

责任编辑：周国强
责任校对：杨　海
责任印制：张佳裕

国际竞争新优势视角下的贸易强国评价指标体系研究
谭飞燕　罗双临　著
经济科学出版社出版、发行　新华书店经销
社址：北京市海淀区阜成路甲 28 号　邮编：100142
总编部电话：010 - 88191217　发行部电话：010 - 88191522
网址：www. esp. com. cn
电子邮箱：esp@ esp. com. cn
天猫网店：经济科学出版社旗舰店
网址：http：//jjkxcbs. tmall. com
固安华明印业有限公司印装
710 × 1000　16 开　10.5 印张　170000 字
2021 年 10 月第 1 版　2021 年 10 月第 1 次印刷
ISBN 978 - 7 - 5218 - 3000 - 2　定价：68.00 元
（图书出现印装问题，本社负责调换。电话：010 - 88191510）
（版权所有　侵权必究　打击盗版　举报热线：010 - 88191661
QQ：2242791300　营销中心电话：010 - 88191537
电子邮箱：dbts@ esp. com. cn）

序

　　《国际竞争新优势视角下的贸易强国评价指标体系研究》一书是谭飞燕同志综合了多年攻读博士学位以及在博士后工作站担任研究员期间的研究成果基础上修改、深化而成的。本书就国际竞争新形势下，我国企业如何转变思维，抓住国际竞争新机遇、应对新形势、改善我国贸易地位，建设名副其实的贸易强国等重要问题进行了有益的探讨。

　　谭飞燕从 2013 年 3 月至 2016 年 3 月在北京交通大学中国产业安全研究中心的博士后工作站担任研究员期间，我一直担任她的导师。在这三年里，她付出了超乎寻常的艰辛和努力：两个孩子年纪尚幼，丈夫在媒体工作非常忙碌，自己在湖南工商大学的教学压力很大的同时，她依然在相对较短的时间内完成了博士后工作站的所有研究工作，并顺利通过了博士后研究报告的答辩。在学习和研究过程中，她能根据自己的研究方向，有针对性地认真研读有关课程的书籍，为自己的科研工作打下了扎实基础；并涉猎了一部分其他相关课程，视野开阔，对产业经济学专业的应用背景以及整个学科的结构有整体和较为深入的认识，具有较为完善的知识结构和理论水平。同时，她也具备了独立的分析问题和解决问题的能力，还参与了工作站大部分科研项目的研究，有较高的业务水平和较强的科研能力。不仅如此，她还有较强的进取心和求知欲，有进一步深造和提高的要求，在出站后她仍然承担了站内有关的短期研究项目，继续关于产业经济学的研究和学习。对这种学术上孜孜以求的学生兼同事，我倍感欣慰，并希望她能在产业经济研究领域中更上一层楼！

本书以产业经济学、计量经济学、区域经济学、制度经济学、技术经济学、统计学、系统论等学科理论为基础，立足贸易经济背景，以国际贸易、可持续发展、循环经济理论为指导，为应对国际贸易市场的新局面，加快从贸易大国向贸易强国的转型升级，首先就需要准确判断我国国际贸易的核心竞争力，深入探讨我国国际竞争的关键优势。本书主要讨论了贸易强国的内涵，基于当前国际竞争的新要求构建了贸易强国评价指标体系，比较分析了主要贸易国的贸易特征，并利用主成分分析方法定量分析了我国与贸易强国的差异，有针对性地提出了政策建议。

随着国际贸易市场的发展，传统以产品为界限的国际专业分工开始向基于同一产品价值增值链上不同阶段或业务性质的分工转变，基于价值链的国际贸易占据了市场的主导地位。贸易规模和贸易增加值之间出现了背离，传统的贸易强国评价已经不能准确反映贸易国的竞争力。因此，本书是将国际贸易学、产业经济学和计量经济学结合进行交叉学科研究的有益探索。针对当前国际贸易发展的新要求，综合考虑规模和价值两个维度的影响来讨论贸易强国评价指标体系的构建具有重要的理论意义。

将经济学理论与研究方法融合进行学术研究，必将成为新的科学研究趋势，从国际竞争角度研究贸易强国问题是一项长期而艰巨的任务，其研究成果也不是一朝一夕能够体现出来的。这个领域的一切相关研究都在积极的探索中，我们需要做的应该是静下心来，多学习，多思考，多实践。

再次祝福本书作者，希望她能在学术研究中走得更远、更稳，并继续坚持独立思考，执着前行！

是为序。

张 力

2021 年 4 月

于北京交通大学中国

产业安全研究中心

前　言

改革开放以来，我国国际贸易发展迅速，从规模上已经成为排名第一的贸易大国。但近几年我国国际贸易的内外部环境变化较大，发展形势日趋严峻。从外部环境来看，全球经济受金融危机的冲击仍处于调整期，贸易保护主义抬头，国际贸易环境日益恶化；从内部环境来看，经过多年经济的高速增长，劳动力等要素成本上升、产业结构层次偏低等问题开始凸显。为应对国际贸易市场的新局面，加快从贸易大国向贸易强国的转型升级，首先就需要准确判断我国国际贸易的核心竞争力，深入探讨我国国际竞争的关键优势。本书主要讨论了贸易强国的内涵，基于当前国际竞争的新要求构建了贸易强国评价指标体系，比较分析了主要贸易国的贸易特征，并利用主成分分析方法定量分析了我国与贸易强国的差异，有针对性地提出了向贸易强国转型的政策建议。

随着国际贸易市场的发展变化，基于价值链的国际贸易占据了市场的主导地位，基于商品贸易思路的贸易强国指标体系已经不能准确评价贸易国的发展水平。本书首先分析了近几年国际贸易的发展趋势，从进出口规模、商品结构等方面描述了我国国际贸易的发展现状，探讨了我国国际贸易发展中面临的内外挑战。

为比较分析我国在国际贸易市场的优势和特点，本书还进一步测算了我国国际贸易的显性比较优势指数、贸易竞争指数等，讨论了我国劳动力、技术、汇率等国际贸易中核心要素的变动情况。相对而言，劳动密集型商品的竞争优势更加明显，但近年来我国劳动密集型商品和能源密集型等其他商品之间的差距开始缩小。虽然我国资本密集型产品的出口增长率优势指数相对较高，但在金融危机后我国资本密集型商品的竞争优势有所削弱。而我国劳动力供给又开始趋紧，劳动力成本上升加快，人民币也逐步升值到相对高位，在国际贸易竞争中成本压力较大。但是我国人口受教育水平显著提高，科研投入比重明显增加，研发创新能力达到了较高水平。

基于当前的国际竞争环境，本书深入讨论了贸易强国的内涵，构建了基于国际竞争新优势的贸易强国评价指标体系，还进一步比较分析了主要贸易国在国际市场上的表现。总体来看，我国和美国、日本等发达国家在国际贸易中占据了主要市场份额，市场影响力较大。但是与发达国家相比，我国商品的相对价值偏低，生产效率不高，发展短板比较明显。本书还利用主成分分析方法计算了贸易强国指标综合评价得分，总体而言我国排名居中，在生产效率、创新能力等方面与发达国家还是存在较大差距。因此，在传统竞争优势逐步缩小的背景下，为加快从贸易大国向贸易强国发展的进程，我国还需要进一步转变贸易增长方式，培育贸易竞争新优势。

作　者

目　录

第 1 章

绪　　论

1.1　选题背景与意义

改革开放以来，国际贸易一直是我国经济增长的核心驱动力。根据商务部研究院 2019 年 10 月发布的《中国开放发展报告 2019》的数据，1978～2018 年，我国货物进出口总额从 206.4 亿美元增至 4.62 万亿美元，年均增速达 14.5%，高于同期世界货物进出口额平均增速 7.5 个百分点。截至 2018 年底，中国已经连续 10 年成为世界第一大货物出口国和世界第二大货物进口国，贸易大国地位稳固。中国对全球经济增长的贡献率由 1978 年的 2.3% 增长到 10.8%，成为全球经济增长的重要引擎。在贸易规模扩张的同时，我国的贸易质量也不断提高，贸易结构逐步改善：民营企业的贸易规模占到贸易总规模近 40%，内生动力进一步增强；美欧等传统市场出口占比下降，印度等新兴经济体及发展中国家出口占比上升，国际市场多元化水平提高；在我国进出口贸易中一般贸易的占比约 55%，贸易方式也趋于合理。

　　但是受到国际金融环境的冲击，全球经济环境发生了重大变化，欧美等发达国家纷纷收缩供应链，主要经济体中贸易保护主义抬头，国际贸易环境趋于恶化。根据中国商务部网站 2018 年 12 月 13 日的数据①，2018 年前 11 个月中国共遭遇 101 起贸易救济调查，涉案金额总计 324 亿美元，分别比上年同期增长 38% 和 108%。这些贸易救济调查共来自全球 28 个国家或地区，其中美国、印度、加拿大和澳大利亚最多。钢铁、化工、建材等行业是贸易摩擦"重灾区"，立案数量多、涉案金额大。分类型看，针对中国的反倾销调查最多，达 57 起；反补贴 29 起；保障措施 15 起。2018 年以来全球贸易保护主义显著升温。从商务部目前公布的各年调查案件数据看，2018 年未必是中国遭遇贸易救济调查最多的一年，但涉案金额已创史上新高。迄今为止案件最多的是 2016 年，我国共遭遇来自 27 个国家或地区发起的 119 起贸易救济调查案件，其中反倾销 91 起，反补贴 19 起，保障措施 9 起；涉案金额 143.4 亿美元，案件数量和涉案金额同比分别上升 36.8%、76%。其中，几近半数的贸易救济案件针对中国钢铁产品，21 个国家或地区发起立案调查 49 起，涉案金额 78.95 亿美元，案件数量和金额同比分别上升 32.4%、63.1%。其他贸易摩擦较多的产品主要集中在化工和轻工领域。中国商务部网站 2020 年 1 月 8 日发布的数据显示②：2019 年前 11 个月中国出口产品共遭遇 83 起贸易救济立案，涉案金额约 116 亿美元，比上年同期分别减少了 19% 和 64%。按世界贸易组织（WTO）统计方式，2019 年前三季度，我国则启动 15 起贸易救济调查（按中国统计方式为 6 起），同比增加 2 起（按中国统计方式，同比增加 1 起）。其中，反倾销调查 14 起（按中国统计方式为 5 起），同比增加 2 起（按中国统计方式，同比增加 1 起）；反补贴调查 1 起（按中国统计方式为 1 起），同比持平（按中国统计方式，同比持平）。从行业来看，我国 2019 年前三季度启动的 10 起反倾销调查的涉案产品均是化工产品。我国与主要贸易国的贸易摩擦日益凸显，已经成为国际贸易保护主义的主要攻击对象。在美国对中国贸易逆差近 4000 亿美元的背景下，美国于 2017 年 8 月根据《1974 年贸易法》"301 条款"启动了对我国"不公平贸易行为"的

---

　　① 李晓喻. 今年中国遭贸易救济调查逾百起　涉案金额翻番［EB/OL］. https：//www. chinanews.com/cj/2018/12-13/8701419. shtml，2018-12-13.

　　② 2019 年前 11 月我国遭 83 起贸易救济立案　涉案金额降 64%［EB/OL］. https：//finance. sina. com. cn/roll/2020-01-08/doc-iihnzahk2813972. shtml，2020-01-08.

调查。

由于结构层次偏低、过于依赖要素成本等原因，我国在国际贸易竞争中面临着越来越严峻的挑战，基于丰富而廉价的劳动力等生产要素资源的传统竞争优势明显削弱，而在创新能力和品牌影响力方面我国的差距还比较大，在国际贸易规则制定中的话语权也仍然有限。面对国际贸易市场的新形势新要求，我国迫切需要加快培育竞争新优势，真正实现从贸易大国向贸易强国的升级（隆国强，2016）。

从不同维度的数据指标来看，我国都可以被视为国际贸易市场上的贸易大国，但是从发展质量来看，我国与公认的贸易强国还存在明显差异。从定性角度讨论贸易强国的内涵以及我国与主要贸易强国差距的相关研究比较多，但是从定量角度进行的讨论相对有限，缺乏相对完整且符合当前国际贸易竞争形势的贸易强国评价指标体系。因此，在我国经济高速增长已经成为全球贸易中主要经济体的背景下，为更好地比较我国和主要贸易强国的发展状况，指导我国贸易发展的战略路径，构建系统的贸易强国评价体系具有重要的理论意义和现实意义。

在不同经济背景和历史环境下，贸易强国的具体内涵也在不断地演变发展。传统的贸易强国评价基于商品贸易的思路，侧重于贸易规模和效益情况，评价指标以进出口总额、贸易顺差等指标为核心。但是随着国际贸易市场的发展，传统以产品为界限的国际专业分工开始向基于同一产品价值增值链上不同阶段或业务性质的分工转变，基于价值链的国际贸易占据了市场的主导地位。贸易规模和贸易增加值之间出现了背离，传统的贸易强国评价已经不能准确反映贸易国的竞争力。因此，本书针对当前国际贸易发展的新要求，综合考虑规模和价值两个维度的影响来讨论贸易强国评价指标体系的构建具有重要的理论意义。

改革开放以来我国国际贸易高速发展，已经成长为最大贸易国之一。但是我国在国际贸易中仍然依赖于数量扩张，商品多处于价值链低端，缺乏有国际影响力的品牌。近几年受全球金融危机以及发达国家产业和贸易政策调整的影响，我国国际贸易的发展速度放缓，面临的贸易摩擦加剧；同时国内市场的劳动力价格等资源要素成本上升，转型升级的压力也较大。因此，通过讨论贸易强国的内涵，定量评价分析我国贸易的发展水平，能够更加准确地判断我国和主要贸易强国的差距，也有助于更深入地讨论我国国际贸易发展中面临的挑战，从而能够为转变我国贸易增长方式、提升贸易竞争力提供更有针对性的政策建议。

1.2　研究内容及框架

本书首先分析了国际贸易发展的总体趋势，从国内和国外两个方面讨论了我国国际贸易发展面临的挑战，并在相关研究的基础上构建了基于国际竞争新优势的贸易强国评价指标体系。根据贸易强国评价指标，本书分析讨论了主要贸易国的发展特点，并利用主成分分析方法测算了贸易强国评价指标的综合得分，比较了我国和主要贸易强国的差异，并最后提出相关的政策建议。

本书的主要研究框架如下：

第1章，绪论。本章主要说明本书的选题背景、意义以及整体框架。

第2章，文献综述。本章主要讨论贸易强国内涵的演变，梳理有关国际竞争、竞争优势以及贸易强国评价的相关研究。

第3章，国际贸易市场以及我国国际贸易概况。本章首先讨论了国际贸易的发展历程，重点分析了近几年国际贸易发展中面临的突出问题；其次对我国国际贸易的基本情况进行了分析，讨论了我国进出口规模、商品结构等方面的发展变化，对我国国际贸易发展中面临的主要挑战进行了梳理。

第4章，我国国际贸易发展的优势分析。本章首先测算了我国的显性比较优势指数和贸易竞争指数，分析了我国不同行业竞争优势的演变特点；其次，测算了我国的出口增长率优势指数、市场渗透率、市场占有率等指标，讨论了我国商品在国际市场的优势；此外，还进一步讨论我国劳动力、技术、汇率等国际贸易中核心要素的变动情况。

第5章，贸易强国指标体系构建及特征分析。本章首先探讨了贸易强国的内涵，并以此为基础构建了基于国际竞争新优势的贸易强国评价指标体系；基于贸易强国评价指标体系，本章还进一步讨论了美国、德国、日本、韩国等主要发达国家和中国、印度、巴西等主要发展中国家的国际贸易特征。

第6章，基于主成分的贸易强国综合评价指标分析。本章基于第5章的评价指标体系，利用主成分分析方法测算了我国和美国等主要贸易参与国的贸易强国综合评价得分，从市场影响力指标、创新能力、生产效率、贸易绩效等方面讨论了我国和主要贸易强国的差距。

第 7 章，结论及政策建议。本章归纳总结了本书的研究结论，并对加快我国从贸易大国向贸易强国的转型提出了相关的政策建议。

1.3　主要的创新和不足

本书的创新集中体现在研究视角和研究方法上：在研究视角方面，针对我国国际贸易发展过程中出现的内外挑战，本书深入探讨了国际贸易发展深化、国际分工从产品视角向价值视角转变的影响，以国际贸易竞争的新优势为重点构建了贸易强国评价指标体系。在研究方法上，本书以定量分析为主，结合定性讨论，基于贸易强国评价指标体系讨论主要贸易参与国的优劣势，利用主成分分析方法测算了贸易强国评价指标的综合得分。

由于个人能力欠缺，本书还存在一些明显的不足，比如关于贸易强国评价理论分析的深度和评价指标选取的针对性均有待提高。关于贸易强国内涵的相关讨论不多，针对当前国际贸易发展形势下国际竞争优势的分析就更加有限，本书在贸易强国的理论分析方面还有待较强。由于贸易强国评价指标涉及了多个国家，每个国家在统计数据上都存在差异，数据收集、整理的难度较大，一些评价指标的选择还不太精确，在后续研究中有待进一步探讨、完善。

第2章

文 献 综 述

2.1 关于贸易强国内涵的研究

2.1.1 贸易强国内涵的理论沿承

从 15～18 世纪的重农主义和重商主义开始，就出现了关于贸易强国的讨论，重农主义以纯产品学说为核心，强调农业为国家财富和收入的基础，国际竞争力由农产品出口规模决定，规模越大国际竞争能力就越强。在 15～16 世纪资本主义的萌芽期出现了重商主义，早期货币差额论在重商主义中处于主导地位，在国际贸易中倡导"少买"，晚期贸易差额论在重商主义重的地位上升，在国际贸易更加关注"多卖"。重商主义将货币（贵金属）视为衡量财富的唯一标准，竭力主张出口，提高贸易顺差，因此根据重商主义的理论，贸易强国就是贸易顺差规模大的国家。

重商主义过于强调货币积累，重视出口贸易业务，忽视了进口贸易的意义和价值，引起了很多学者的质疑。尤其是随着产业革命的开展，生产能力更强，新兴资产阶级迫切需要发展对外贸易，获取原材料、销售产成品，强调自由竞争、自由贸易的古典学派性影响力越来越大。亚当·斯密强调，国家强弱并不是由货币数量来决定，重商主义关注的贸易顺差长期累积起来会推动国内商品的价格上涨，进而制约商品出口规模的增加。亚当·斯密提出了绝对成本理论，认为不同国家的同类产业在劳动生产率上存在绝对差异，提出从效率角度来判断国家强弱，如果一国在某种产业上的生产成本低，就被视为绝对优势，各国按照效率最高的原则参与国际分工和贸易，显然贸易强国就是生产成本绝对值低的国家。

但是亚当·斯密提出的绝对成本理论并不能解释为什么国际贸易中也会出现没有成本优势的商品，针对这一问题，大卫·李嘉图提出了国际贸易的比较优势理论，认为只要具有相对成本优势就能通过国际贸易提高经济效率，强调每个国家不一定要生产全部具有成本优势的商品，而应该集中资源发展具有相对优势的产业。在国际贸易动机的讨论中，比较优势理论突出强调了劳动生产率差异的影响，为自由贸易政策提供了理论基础（李辉文，2006）。但是对于导致各国劳动生产率存在差异的原因，在比较优势理论中并不能找到合理的解释。除了劳动力要素之外，以赫克歇尔和俄林代表的新古典贸易理论即要素禀赋理论还考虑了其他生产要素，指出如果不同国家的技术水平相当，则同一产品的生产成本差异将主要由核心生产要素的价格决定。而各国在不同生产要素上的相对丰裕程度对生产要素的价格具有决定性影响，因此贸易强国通常具有更加丰富的要素资源。

比较优势理论和要素禀赋理论均强调静态相对优势，市场处于完全竞争状态，国际竞争力优势主要源于生产要素、消费偏好等方面的差异，忽视了比较优势的培育发展，因此对于19世纪中期出现的发达国家之间的水平分工以及衍生的国际贸易规模快速发展缺乏有效的解释能力。20世纪70年代末不少经济学家将规模经济、技术进步、产品差异因素引入模型来解释比较优势，形成了新贸易理论（Krugman，1979，1980），更加关注规模经济和不完全市场竞争的作用。布兰德和斯潘塞（Brander and Spencer，1983）最早提出了不完全市场竞争和规模经济条件下的战略性贸易政策理论，该理论提出利用补贴等手段能够增加战略产业的国际竞争力（吉缅周、陈红蕾，2004）。克鲁格曼（Krugman，1984）拓展了布兰德和斯潘塞的模型，结合规模经济和比较优势两个维度，讨论了规模报酬递增和不完全竞争条件下的产业内贸易的发展趋势，提出通过国际贸易能够产生规模效应，实现边际报酬的增加，所以能够利用国际贸易提高规模效应的国家会具备更加的贸易竞争力。

新贸易理论主要讨论了产业内的国际贸易，忽略了企业之间的差异。但是随着国际贸易的深化，同一产业部门内部各个企业在国际贸易中表现的差异开始凸显，很多时候比不同产业部门之间的差异更加明显，具有规模经济的国家在国际贸易中也不一定能获得更多利益。根据霍彭哈恩（Hopenhayn，1992）提出的垄断竞争动态产业模型，梅里兹（Melitz，2003）以克鲁格曼（Krugman，1980）的贸易模型为基础，在一般均衡框架下讨论了微观企业之间的差异，提出了异质企业贸易模型，分析了影响微观企业在国际贸易中表现的关键因素。梅里兹发现只有生产效率较高的企业才能参与国际贸易，而生产效率较低的企业只能服务于本土市场。耶普尔（Yeaple）等学者在梅里兹研究的基础上丰富了异质企业贸易模型，逐步发展完善了新新贸易理论。耶普尔（Yeaple，2005）在异质性模型中引入了贸易成本因素，将技术、劳动力、成本等因素结合起来讨论了国际贸易中技术外溢的原因。邓翔、路征（2007）认为新新贸易理论将企业异质性成功地引入国际贸易模型中，从微观层面解释了贸易的发生及影响，从而开拓了国际贸易研究的新领域。该研究解释了为什么好的企业做国际贸易，而较次的企业做国内贸易这一现象，该理论认为，自由贸易可以提高产业生产率水平和社会福利，所以在政策上应该促进自由贸易而不是贸易保护。李春顶、王领（2009）以经典的新新贸易理论模型框架为基础，抛弃了其中企业生产的边际成本不可知且服从随机分布的假设，将企业技术选择文献中关于技术和产品边际生产成本可预知的假定引入，对现有模型进行了一定的扩展和补充，指出不应给予企业出口优惠和补贴，而应创立良好公平的市场环境，让企业自主选择。新新贸易理论重点讨论了企业异质性在国际贸易中的影响，从企业层面分析了技术、效率等在国际贸易中作用，需要将规模、效益等因素结合来界定贸易强国的内涵。

2.1.2　关于贸易强国内涵的分析

随着我国贸易规模增加，在国际贸易市场上的作用日益突出，越来越多的学者开始关注我国对外贸易的质量，重点讨论了贸易强国的内涵。一些学者主要关注了贸易强国在对外贸易中的影响力，何新华、王玲（2000）从市场份额占有率、产品竞争力、制度参与以及经济稳定性等 4 个方面讨论了贸易强国的特点，总结了贸易强国的主要特征：首先，贸易强国在全球服务贸易市场上应该占据了较大的市场份额；其次，贸易强国在国际贸易规则制定中也拥有较大的话语权；最后，贸易强国的贸易伙伴区域结构多元，贸易规模波动较小。余芳东、寇建明（2001）认为贸易强国包括以下内涵：第一，贸易强国应该是在国际贸易市场具有影响力的贸易大国；第二，贸易强国的GDP 必须在全球范围内排名靠前，具有明显的竞争优势和比较优势；第三，贸易强国在对外贸易中需要体现出明显的优势，高新技术产品和服务进出口贸易所占比重高、外商投资活跃；第四，对外开放程度高，如关税率较低，对外开放市场的范围广、外贸依存度的水平也相对偏高。基于上述思路余芳东等讨论了我国对外贸易发展情况，指出改革开放以来我国对外贸易快速发展，短时间即跻身贸易大国行业，但是与其他贸易大国相比，我国贸易发展的差距也比较明显，需要继续加快经济发展，提供自身经济发展实力。洪涛等（2011）提出贸易强国的内涵体现在六个方面：第一，贸易强国必须是经济强国，经济发展水平高；第二，积极参与国际贸易，产品质量和技术水平领先；第三，对外投资规模排名靠前；第四，货物贸易占比在全球排名靠前，服务贸易发达；第五，关税水平偏低，对外贸易依存度较高；第六，贸易规模较大。

还有一些学者结合了技术、效率等方面的因素讨论了贸易强国的特点。例如，柳思维（2005）认为在经济全球一体化背景下的贸易强国必须是内外贸一体化的贸易强国，我国已经是排名靠前的贸易大国，成为国际经济的重要引擎，但是如果作为贸易强国，要具备如下几项特征：第一，具有一批世界级跨国企业，更多有竞争力的商品能够在世界市场尤其是发达国家的市场上形成领先优势；第二，必须具有一批有国际影响力的品牌，能够主导更多行业的国际标准；第三，本国居民和企业的境外投资规模增加；第四，国际贸易环境明显改善；第五，国际贸易相关产业对于 GDP 增长的拉动效应更加显著；第六，在国际贸易规则制定、贸易秩序维护等方面的话语权分量更重。根据陈飞翔等（2006）提出的定义，贸易强国的出口商品和服务中高级生产要素的比重更大，产品执行的技术标准更高，企业的创新能力领先，贸易类型以价值型贸易为主，因此也就在国际贸易分配中占据了大部分的份额。作为一个综合性的概念，贸易强国的内涵至少涉及贸易的特征、贸易的基本面以及其对经济的作用等：在特征方面，作为贸易强国，其进口商品中初级商品应该占据主导地位，而出口商品中高附加值商品的比重较高，贸易条件不断改善，贸易区域结构多元，能够对国际市场的产品结构和价格产生一定影响；在基本面方面，关注的主要是该国经济发展的基本状况、金融发展水平以及该国在国际贸易规则中的参与程度；至于贸易对国家经济发展的影响，贸易强国的外贸贡献度应该相对较高，能够推动国内产业结构的优化调整。裴长洪等（2013）讨论了开放性贸易强国的主要标志：第一，进出口贸易占全球贸易比重与人口占全球比重保持一致，并且贸易的商品结构、市场结构以及质量水平等关键指标表现出明显优势，高新技术产品在出口商品中占据主导地位，货物贸易顺差规模处于领先地位；第二，服务贸易占对外贸易的比重和全球的平均水平保持一致，在服务出口部门培养部分具有国际竞争力的新产品；第三，资本境内外流动状况和经济发展水平相适应，吸引外商投资占全球比重稳定在 10% 左右；第四，建立国际贸易的本币结算与支付系统，支持本币成为重要的国际货币；第五，在各类国际贸易组织中表现活跃，能够影响全球贸易规则体系的制定。

2.1.3　我国贸易国特征及转型升级的路径分析

不少学者分析了我国对外贸易的发展历程，对比分析了我国与传统贸易强国的贸易发展水平。埃德蒙兹等（Edmonds et al., 2001）分析了我国国际贸易的发展历程，认为我国已经逐渐成为对于全球贸易环境有重大影响的贸易强国。马淑琴、戴晋（2006）对我国的国际贸易特征进行了分析，讨论了影响我国国际贸易发展水平的核心因素，比如贸易开放度、商品结构合理度、贸易市场分散度、贸易主导力水平和贸易条件水平等，结果发现和国际贸易水平正相关的因素包括贸易开放度、贸易商品结构合理度以及贸易主导力水平，而与国际贸易水平负相关的因素则包括贸易市场分散度、贸易条件水平等。王冉冉（2005）根据我国产品国际市场占有率、人均贸易额、贸易竞争力指数、贸易分工地位、参与国际分工的方式、外贸商品结构、品牌竞争力、企业竞争力等 12 个指标，分析了我国贸易产业的国际竞争力，结果发现我国的贸易竞争力相对比较落后，在附加值高的技术、资本密集型产业等方面的劣势更加明显。茅锐、张斌（2013）重点分析了我国出口竞争力总体及区域变化的趋势性特征，从理论上讨论了生产成本、贸易成本、生产效率等对出口竞争力的影响，通过对我国出口竞争力的实证检验发现，生产成本和贸易成本对出口竞争力的影响最为突出，生产效率的影响相对偏小，实际汇率的影响并不显著。总体来看，我国的出口竞争力已经呈现了逐步下降的趋势，其中劳动力成本上升带来的影响比较大。魏浩、马野青（2005）从我国高新技术产品出口比重、对外贸易主体特征、对外贸易的市场分布等方面比较了我国与贸易强国的差距，结果发现我国高新技术产品出口比重不高、内资企业在对外贸易中的作用有限、品牌化程度也偏低，整体来看我国与贸易强国的差距还是比较大的，为实现贸易大国向贸易强国的转变，建议规范出口管理制度维护出口秩序、培育有国际竞争力的跨国公司增强自有品牌影响力。柳思维（2011）从制度层面总结了世界贸易强国如荷兰、英国和美国等持续发展的历史经验和教训，指出制度变革在我国贸易崛起中发挥了显著作用，但是目前我国离贸易强国还有较大差距，出口结构失衡、创新基础薄弱、市场秩序等问题突出，制度落后和市场经济发展不相适应的矛盾越来越尖锐，必须加大改革和制度创新力度。

随着我国对外贸易发展过程中面临的竞争日益激烈，董红、林慧慧（2015）讨论了我国在国际贸易中面临的挑战，在主要的贸易伙伴中，我国在印度、巴西等国家的对外投资有限，受到的反倾销调查压力较大，为了防范贸易摩擦，我国必须加快整合国外先进技术，支持企业的科技创新，提升产品竞争力；提高对外投资的效率，缓和国际贸易中我国面临的敌意。李凯杰（2016）对金融危机以来经济增速放缓、出口贸易下滑背景下我国国际贸易的转型升级进行了分析，强调利用新技术、新产业、新模式、新业态来实现供给侧改革，推动我国国际贸易的转型升级。张秋平（2017）指出我国加工贸易的原材料和技术设备过度依赖国际市场，在产品价值链中处于低价值链阶段，转型升级的需求强烈，但由于国内企业在资金、研发等方面缺乏必要的支持，国内产能过剩竞争激烈，国际贸易保护主义压力不断增强，在转型升级上面临着一定压力。龚文龙（2017）从产品技术含量、出口贸易结构、品牌影响力等方面讨论了我国与贸易强国的差距，对供给侧结构性改革的背景下我国向贸易强国转型升级的具体路径进行了分析，强调需要更加重视创新能力培养，提升产品服务的附加值，优化贸易环境，激发市场活力。

叶冠世、滕建州、杜娟（2018）对 2018 年金融危机之后我国的国际贸易形势进行了分析，整体而言，随着国际贸易的不断深入，我国与各国内部经济制度的关联日益密切，服务贸易已经成为国际竞争的新热点，但是由于市场需求疲软，贸易保护主义升温，各种贸易保护的政策力度不断增加。在复杂的国际贸易形势下，我国国际贸易保持了较为良好的发展态势，但是贸易发展不平衡、产品附加值偏低等问题更为凸显，从贸易大国向贸易强国转变的过程中还面临着比较严峻的挑战。

在我国国际贸易体量不断增长的过程中，贸易强国建设逐渐成为我国对外贸易发展中的关键主题，面对日益复杂的国际贸易环境，不少学者也讨论了我国向贸易强国升级的现实路径。冯雷（2014）指出我国贸易发展的负面影响日益突出，贸易发展的传统优势逐步削弱，必须加快外贸发展方式转型，提升进口贸易在我国的国际贸易中的重要性，从贸易大国发展为贸易强国。张幼文（2016）基于生产要素的国际差异及国际流动分析讨论了我国向贸易强国转型的路径，在当前国际经济中产业分工和产品分工，资本、技术、品牌等要素流动已经成为主要内容，中国对外贸易的发展正是由于国外资本的流入从而发挥了低成本劳动力的优势，提升贸易竞争力实现贸易强国转型的关键就是提高要素收益，凭借高质量要素来提升价值链分工种的地位。王晶晶（2017）讨论了当前国际贸易市场环境下我国面临的挑战，就我国对外贸易的升级路径进行了深入分析。李西林（2016）分析了美国、日本、德国等贸易强国的国际贸易发展经验，指出科技进步和产业变革是贸易强国发展的关键，美国、日本、德国均是通过引领创新技术的发展在产业变革中形成了领先优势，拓展了国际贸易市场空间；完善的市场经济制度、积极的政策支持以及长效的技术创新激励机制等也是贸易强国建设的核心基础。张二震（2016）基于要素流动理论讨论了我国从贸易大国向贸易强国转型的核心战略，面对我国要素收益偏低的外贸现状，强调了从要素驱动向创新驱动转型升级的迫切性。雷达、赵勇（2016）也从要素流动的角度讨论了我国贸易强国的发展思路，强调应改变之前依附于贸易中心国家产业调整的小国贸易发展模式，通过超越贸易中心国家的经济发展水平，提高中国在贸易分工中的地位。莫兰琼（2017）认为我国还处于工业化中期阶段，国内产业结构发展失衡，尤其在技术研发、品牌建设等关键环节的发展滞后，要实现向贸易强国升级的跨越发展，必须围绕"科技兴贸"和"品牌战略"，提升商品竞争力，提高服务贸易水平，培育具有国际影响力的跨国公司。

2.2 关于国际竞争及我国竞争优势的相关研究

2.2.1 关于国际竞争及竞争优势内涵的分析

经济全球化的主要标志之一就是市场竞争的全球化，国际竞争力的大小在很大程度上决定了国际市场参与者的经济利益，国际贸易市场的表现往往就取决于国家间竞争力水平，因此在国际贸易研究领域关于国际竞争力的讨论一直都比较活跃。国际竞争力的研究涉及微观、中观和宏观三个层面，包括产品竞争力、企业竞争力、产业竞争力以及国家竞争力，不同视角下的研究范式也不相同。根据世界经济论坛 WEF 的定义，国际竞争力以国家为竞争主体，综合了影响国家生产力水平的核心要素，包括制度、政策、生产要素等（WEF，2014）。按照瑞士洛桑国际管理发展学院（IMD）的观点，竞争力的核心在于财富创造能力，竞争力越强生产的财富就越多（芮明杰等，2009）。

迈克尔·波特（Porter，1985，1986，1998）以国家为主体围绕产业层面讨论国际竞争力，国家竞争力的水平主要依赖于国际竞争力优势的培育，其发展一般包括四个阶段即要素驱动、投资驱动、创新驱动和财富驱动。国际比较优势是基于国家要素禀赋如自然资源、劳动力等形成的国际竞争力，而国际竞争优势依赖于要素、需求、关联产业支持、企业战略等关键要素以及机会和政府的辅助支持，即国际竞争力的钻石模型（diamonds framework）（张金昌，2001）。针对波特钻石模型（Michael Porter diamond model）中的内在局限和偏误，卡特赖特（Cartwright，1993）提出了多要素的钻石模型，并在该模型的基础上结合新西兰以出口为主且产业结构单一的现状讨论了新西兰的国际竞争力。穆恩等（Moon，Rugman and Verbeke，1998）在波特钻石模型基础上，考虑了多边国家的活动提出了广义双钻石模型，该模型将政府因素视为影响竞争力的关键内生变量，把国内和国外市场相结合分析了影响竞争力的相关要素。基于广义双钻石模型，穆恩等还以新加坡、韩国为例，讨论了经济全球化背景下小规模经济体的国际竞争力特征。

随着国内对外贸易的发展，特别是我国加入世界贸易组织之后国内学者关于国际竞争的讨论也越来越丰富。裴长洪、王镭（2002）讨论了国际竞争力的相关概念，比较研究了国际竞争力分析的主流范式，强调需要基于研究目的来选择研究的框架，由于在国际竞争力的研究中基于宏观视角的讨论占据了主导地位，在产品竞争优势理论框架下针对具体国家的国际竞争力讨论也相对丰富。孙晓、张少杰（2015）认为除了先天比较优势之外，国际竞争力更多地来源于后天的培育，而且竞争力一直处于动态变化过程中，需要积极主动实施培育和引导新兴产业发展。于国庆（2016）指出近年来服务贸易在国际竞争中开始成为热点，在信息通信技术的支持下，国际金融、娱乐等高端服务业的竞争也更加激烈。面对全球范围内"逆全球化"的思潮，张晓兰（2017）深入讨论了国际贸易市场的发展趋势，认为在全球市场需求疲软的背景下，贸易保护主义升温，国际贸易分工开始进入调整期。主要发达经济体都面临着各种挑战，比如美国的国内需求疲软、欧洲的难民和地缘政治问题等，贸易保护主义的氛围趋浓。随着新兴市场国家的经济发展，其工业化水平和技术实力与发达国家之间的差距不断缩小，在国际贸易市场上与发达国家的竞争也更加激烈。

2.2.2　关于国际竞争力评价的相关研究

国际竞争力评价的讨论也是国际贸易研究领域的热点，早期的相关研究侧重于通过评价竞争结果来比较国际竞争力。但是竞争结果指标通常存在局限性，不同国家的数据口径不尽相同，各种评级指标通常也不存在可比性。相关研究的关注重点从竞争结果向影响竞争力的内在要素转变，并且逐步从单一因素评价发展为多因素的综合评价指标体系讨论。

2.2.2.1　以单一因素为重点的评价指标

在单一因素的评价分析中，以进出口市场份额为基础的研究最多，常见指标如表2-1中有市场占有率指数、市场渗透率指数、贸易竞争指数等均是从不同角度来刻画市场份额的变化。

表 2 – 1 主要竞争力指数的比较

指数名称	指数公式	指数特点
市场占有率指数 (O_{ik})	X_{ik}/X_{wk}	反映国家 i 某种产品在国际市场的竞争力，但是没有考虑转口贸易因素，也不能区分该产品在不同地区的竞争力
市场渗透率指数 (S_{ijk})	X_{ijk}/M_{ijk}	反映国家 i 某种产品在第 j 个国家市场的竞争力，能够区分该产品在不同地区的竞争力，但是没有考虑转口贸易因素
显示性比较优势指数 (V_{ik})	$(X_{ik}/X_i)/(X_{wk}/X_w)$	该指数考虑了不同国家经济规模的差异，综合反映国家 i 某种产品出口和国家整体出口的竞争力，但是还不能分别考察国家 i 在不同地区的出口竞争力
贸易竞争指数 (T_{ik})	$(X_{ik} - M_{ik})/(X_{ik} + M_{ik})$	考虑了转口贸易的影响，能够反映国家 i 某种产品进出口交易的特点，但是只适用于该国不同产品间的比较，不能用于国家之间的比较
显示性竞争优势指数 (VC_{ik})	$(X_{ik}/X_i)/(X_{wk}/X_w) -$ $(M_{ik}/M_i)/(M_{wk}/M_w)$	考虑了转口贸易的影响，能够用于比较不同国家的某类产品的竞争力，但是不能反映某个国家的产品在不同地区的竞争力
竞争压力指数 (a_j)	$1 - X_{ij}/\sum_{k \in N} X_{ik}$	综合考虑了其他国家对某一个的整体竞争压力

资料来源：笔者根据各种国际贸易理论总结整理。

市场占有率指数 O_{ik}，公式为 $O_{ik} = X_{ik}/X_{wk}$，其中，X_{ik} 表示某个国家 i 的第 k 种产品出口额，X_{wk} 表示全球第 k 种产品的出口总额（张金昌，2001）。市场渗透率指数 S_{ijk}，公式为 $S_{ijk} = X_{ijk}/M_{ijk}$，其中，$X_{ijk}$ 表示国家 i 向国家 j 第 k 种产品的出口，M_{ijk} 表示国家 j 第 k 种产品的总进口。市场占有率指数和市场渗透率指数的数值越大，则说明该国的出口竞争力越突出。

市场占有率和市场渗透率指数中都没有考虑到各个国家经济规模的差异，巴拉萨（Balassa，1965）将经济规模因素纳入评价指标，构建了显示性比较优势指数 V_{ik} 来衡量国家 i 的出口竞争力，$V_{ik} = (X_{ik}/X_i)/(X_{wk}/X_w)$，$X_{ik}$ 和 X_{wk} 分别表示国家 i 和全球的第 k 种商品，X_i 和 X_w 分别表示国家 i 和全球的出口规模。显然，与国际市场占有率指数相比，显性比较优势能够更加细致地区分一国在不同地区的出口竞争力。

可以看到，国际市场占有率和市场渗透率指数都忽略了进口因素的影响，当转口贸易在国际贸易中占据较大份额时，利用国际市场占有率和市场渗透率指数来判断国际竞争力将会出现较大偏差。贸易竞争指数 T_{ik} 考虑进口因素的影响，$T_{ik} = (X_{ik} - M_{ik}) / (X_{ik} + M_{ik})$，其中，$X_{ik}$ 和 M_{ik} 分别表示国家 i 第 k 种产品的进出口规模。当贸易竞争指数趋于 1 时，表明该国的第 k 种产品以进口为主；而当贸易竞争指数趋于 0 时，则可能存在两个原因，可能是这个国家第 k 种产品的出口竞争力本身相对偏弱，也可能是这个国家第 k 种产品的经营模式主要为转口贸易；当贸易竞争指数趋于 -1 时，表明该国的第 k 种产品以出口为主。卡迈克尔（Carmiehael，1978）使用贸易竞争指数分析了加拿大制造业的竞争力水平，刘荣欣（2002）利用竞争力指数比较了东亚国家各类出口产品的竞争力水平。

贸易竞争指数仅仅考虑了一个国家进出口的情况，没有体现不同国家在同一种商品上的竞争情况。陈佳贵、张金昌（2002）综合考虑了显示性比较优势指数和贸易竞争指数的特点，构建了一个新的竞争力评价指标，即显示性竞争优势指数 VC_{ik}，$VC_{ik} = V_{ik} - (M_{ik}/M_i) / (M_{wk}/M_w)$，其中，$V_{ik}$ 表示显示性比较优势指数，M_i 和 M_w 分别表示国家 i 和全球的总进口规模，M_{ik} 和 M_{wk} 分别表示国家 i 和全球第 k 种产品的进口规模。可以看到，显示性竞争优势指数能够体现了国家 i 的第 k 种产品出口和全球市场第 k 种产品出口的相对比重与进口相对比重的差额，该指数数值越大，可以判断国家 i 的第 k 种产品在国际市场上的出口竞争力越强。江静、路瑶（2010）基于显性比较优势指数和贸易竞争指数，比较分析了我国和 27 个经济合作与发展组织（OECD）国家的相对实际竞争力水平，并讨论了影响国际竞争力的相关因素，结果发现我国低技术劳动密集型产业的竞争力相对较强，技术相关产品的竞争力相对较弱，生产要素对于产业竞争力水平的影响较大。

上述出口竞争力指数均没有考虑出口产品结构对于出口竞争力的影响，樊纲等（2006）通过对不同国家出口产品同构程度的比较，构建了竞争压力指数来比较国家之间的出口竞争压力。假设集合 N 代表国家 i 的全部出口产品，集合 M 代表国家 i 和国家 j 同时出口的产品，根据竞争压力指数的理论，则国家 j 对国家 i 带来的出口竞争压力可以表示为 $\dfrac{\sum\limits_{k \in M} \min(X_{ik}, X_{jk})}{\sum\limits_{k \in N} X_{ik}}$，其中，$\sum\limits_{k \in N} X_{ik}$ 为国家 i 的出口总额，$\sum\limits_{k \in M} \min(X_{ik}, X_{jk})$ 国家 i 和国家 j 同时出口的产品总额。

　　竞争压力指数衡量的是两个国家之间存在的相互竞争压力，为了衡量一个国家面临的其他国家整体的竞争压力，徐奇渊、杨盼盼（2012）在双边竞争压力指数的基础上构建了加权的整体竞争压力指数，以国家 i 为例，其权重指数可以表示为 $a_j = 1 - X_{ij}/\sum_{k \in N} X_{ik}$，其中，$X_{ij}$ 表示国家 i 对国家 j 的出口，$\sum_{k \in N} X_{ik}$ 表示国家 i 的出口总额。根据该权重指数，如果国家 i 对国家 j 的出口金额在国家 i 的出口总额中比重较大，则国家 j 对国家 i 的竞争压力权重就会较小；反之，如果国家 j 不是国家 i 的重要出口国，则国家 j 对应的竞争压力权重就会比较大。

　　出口竞争力指数主要关注出口国的情况，忽视了进口国国内市场面临的国外产品冲击。为更好地结合国内市场的销售情况考察产品国家竞争力，伦伯格（Lundberg，1988）提出了相对国际竞争力指数，即：$RC_{ik} = (Q_{ik}/C_{ik})/\left(\sum_{k \in N} Q_{ik}/\sum_{k \in N} C_{ik}\right)$，其中，$Q_{ik}$ 和 C_{ik} 分别表示国家 i 的第 k 种产品在国内的生产数量和消费数量，该指数的数值越大就说明第 k 种产品的生产主要在国内，面临的进口压力较小。

　　随着全球贸易快速发展，越来越多的国家开始深度参与国际贸易，传统的贸易统计方式已经很难准确地体现各个国家在国际贸易中的价值，不少学者从产品价值的视角出发，在国际竞争力评价中更多地引入了增加值贸易数据。基于增加值贸易数据，邓军（2013）比较分析了我国和主要贸易伙伴的国际竞争力，结果表明，我国在纺织、皮革和制鞋、电气等行业具有一定的国际竞争优势，而在机械和设备制造、运输设备等行业上美国、日本、德国等竞争优势明显。胡梅尔斯、石井和易（Hummels，Ishii and Yi，2001）根据投入产出方法的分析框架，提出了测算国际贸易中一国直接和间接增加值的方法（HIY）；利用这种测算方法（HIY），文东伟、冼国明（2010）使用经济合作与发展组织的投入产出数据库，比较分析了我国和主要经济合作与发展组织国家的制造业出口竞争力，测算结果显示，我国制造业的垂直专业化水平相对偏低，但是提升速度较快。

　　在 HIY 方法中，为了使满足国内最终需求和出口为目的的货物生产及其进口投入的规模匹配，所有中间投入都被假设为来源于国外增加值。因此，对于以出口贸易的发展中国家以及通过第三方转口且进口中包含增加值份额较大的发达国家而言，HIY 方法的该假设并不能成立。针对 HIY 方法的局限，考夫曼（Koopman，2010，2014）整合传统的通关统计和国民账号核算体系的增加值统计，提出了更加全面估算一国贸易中国内外增加值的 KPWW 方法。闫云凤（2016）也选择了 KPWW 的分析框架比较分析了亚太经济合作组织（Asia-Pacific Economic Cooperation，APEC，简称"亚太经合组织"）9 个主要经济体（包括中国、澳大利亚等）的增加值贸易竞争力，根据测算结果可以看到，从增加值贸易额的角度来看中国仍是第一大出口国和净出口国，美国仍是第一大进口国和净进口国；进一步分解传统出口统计中重复计算的部分，结果表明亚太经合组织 9 个主要经济体在全球价值链中的位置存在一定差别，比如俄罗斯主要处于价值链上游的能源供应环节，美国主要处于价值链上游的研发设计和下游的品牌营销环节，我国和韩国、墨西哥等国家处于中间的加工制造环节。

此外，还有不少学者直接从行业生产效率的角度比较了不同国家的国际竞争力。随着美国和加拿大之间自由贸易协议的签订，美加贸易快速发展，李和唐（Lee and Tang，2000）测算了加拿大和美国主要行业的全要素生产率，结果发现在加拿大 33 个工业行业中有 22 个行业的生产效率要低于美国，生产效率的相对水平是决定国际竞争力的重要因素，生产效率高的企业往往国际竞争力更强。

2.2.2.2 基于多因素的综合评价研究

基于单一因素的讨论通常只能关注到竞争力的某一方面，不少学者也尝试用综合评价指标来全面衡量出口竞争力。李元（2002）从行业管理水平、产品国际竞争力以及企业国际竞争力等 3 个方面选取指标，构建产业国际竞争力综合评价的指标提醒，利用模糊综合评价的方法确定了各指标的具体权重。崔大沪（2003）从产业现实竞争力、增长竞争力以及可持续增长产业竞争力等维度出发选取指标构建指标体系，测算比较了我国和 14 个主要出口国的产业竞争力。金碚等（2006，2007）从比较优势和竞争优势 2 个方面选取指标构建了产业竞争力评价体系，其中比较优势方面主要包括行业出口比重、出口增长优势指数等，竞争优势权重主要包括国际市场占有率、贸易竞争指数等；基于该指标体系比较我国加入世界贸易组织后国际竞争力的变化，结果表明，在加入世界贸易组织之后我国的竞争优势不断提升，而比较优势变化不大，不过各个行业竞争力的变化趋势也存在差异，比如服装行业的比较优势有所降低，但是机械和运输设备等行业的国际竞争力出现较明显提高。

毛群英（2008）从贸易竞争资产和贸易竞争过程两个维度选取指标构建贸易竞争力的综合评价指标体系，其中贸易竞争资产方面包括人口规模、人文发展等指标，贸易竞争过程方面包括贸易规模等指标。基于该指标体系比较分析我国和美国、英国、日本等 22 个国家的贸易竞争力，结果可以发现美国的竞争优势地位十分显著的，我国的贸易潜力和贸易优势排名靠前，但是贸易核心竞争力并不强，贸易效益和贸易环境排名靠后。赵东麒、桑百川（2016）测算了我国的比较优势指数、竞争优势指数等单因素指标，并从比较优势和竞争优势两个方面选取单因素指标，构建了国际竞争力综合评价指数，根据测算结果可以看到我国各个行业的国际竞争力指数在加入世界贸易组织后均有明显提高，其中工业制成品部门提升幅度最大。

2.2.3 关于我国国际竞争优势的讨论

2.2.3.1 关于我国国际竞争传统优势的研究

关于我国竞争优势的讨论起步相对较晚，早前学者主要关注了基于我国劳动力资源等生产要素的比较优势。洪银兴（1997）从理论上讨论了比较利益的陷阱，强调在国际竞争中基于资源禀赋的比较优势并不一定能够持续，而是需要通过开放经济的发展来培养国际竞争优势，针对我国出口结构中劳动密集型产业占主导地位的情况，可以通过引进国外生产要素，将我国比较优势转化为竞争优势。国务院发展研究中心课题组（2002）总结了我国国际竞争的独特优势，包括人口数量多、产品需求大，拥有世界上最多的人口而呈现的特殊市场，市场需求保持快速增长，经济优势也在逐步地转换，在技术含量和附加值相对较高的制造业中开始表现出一定的竞争优势。李钢等（2009）以产业比较优势和竞争优势为核心，构建了国际竞争力监测模型，对我国各个行业竞争优势的变动进行了分析，结果表明我国在服装、纺织等劳动密集型产业竞争优势相对比较明显，在资本密集型产业优势相对偏弱，而劳动密集型产业的优势已经呈现出弱化的趋势。基于我国不同商品的进出口情况，郑展鹏（2010）分析了我国出口商品的优势特征，发现在非熟练劳动密集型产品上我国的国际竞争优势还是比较突出，而在资本密集型产品上我国的国际竞争力相对偏弱。姜延书、郭江平（2015）通过核算出口贸易服务增加值数据讨论了我国出口贸易服务的竞争优势，从测算结果来看，我国服务贸易在全球市场的总体竞争力一般，在价值链分工中的地位不高，在一些传统服务行业上具有一定竞争优势，但是在金融等现代服务业中的差距较大。根据考夫曼等（Koopman et al.，2010）提出的全球价值链地位指数与参与度指数，乔小勇等（2017）对我国制造业和服务业在全球价值链中的地位进行了分析，测算结果表明，我国的制造业和服务业总体而言在价值链上仍然处于中下游的位置，但是劳动密集型产业还是体现了一定的显性比较优势。

一些学者比较了我国和其他国家的贸易竞争力，如郭东杰、邵琼燕（2012）比较了我国与美国等发达国家以及印度等部分亚洲国家的竞争优势，结果发现随着劳动力成本的上升，相对于印度、菲律宾等亚洲国家，我国在劳动力成本方面的价格优势已经逐步消失，但是随着我国教育水平和工人熟练程度的提高，我国的劳动生产率还是处于领先地位。总体来看，在我国国际竞争力提升的过程中以技术引进和模仿为主的技术供给模式已经出现瓶颈，需要越来越多地依赖自主创新来实现。燕春蓉（2011）比较了我国和德国、法国、波兰等欧盟七国的竞争优势，总体来看我国劳动和资源密集型产品的优势已经趋于稳定，在资本和技术密集型产品上与欧盟国家的竞争激烈，必然面临更多贸易保护政策的阻碍。

不少学者讨论了我国对外开放和经济发展过程中竞争优势的演变，姚洋、章林峰（2008）重点讨论了我国本土企业竞争优势的发展，结果发现我国本土企业在高技术产品方面竞争优势仍然偏弱，而中低技术领域的竞争优势上升势头明显。茅锐、张斌（2013）以市场渗透率为主要指标讨论了我国出口竞争力的变化趋势，结果表明我国整体的出口竞争力逐步提高，但是增长趋势已经基本稳定，在不少地区甚至出现了下降的情况。洪银兴（2010）认为我国必须加快发展模式转型，推动产业结构升级，以创新创造国际竞争优势。卢跃、阎其凯、高凌云（2017）讨论了国际贸易方式的演变历程，分析了我国贸易方式更迭的特征，就我国贸易方式的创新提出了相关的政策建议。

2.2.3.2 关于我国国际竞争新优势的讨论

在过去 30 多年，我国把握住了国际产业分工调整的战略机遇，经过多年的以比较优势为核心的开放型经济发展，不断缩小与发达国家的差距，成为了全球贸易体系中的重要力量。但是伴随着世界范围内价值链高端的产业和规则竞争不断加剧，我国经济发展开始步入新常态。尤其在 2008 年全球金融危机之后，我国国际竞争面临了汇率升值、劳动力成本上升等多重挑战。刘旭（2013）认为我国外贸发展的粗放型特征明显，在通过出口提升居民福利、进口促进产业升级方面的作用都有待提升，强调顺差的发展思路又导致了低成本、低标准、低质量的发展方式。当前我国贸易发展环境面临着两个方面的挑战，一方面全球各国的经济增长速度普遍放缓，为改善国内的经济状况，越来越多的发达国家开始关注本国制造业的发展，采取了一系列促进制造业回归的产业政策，进一步激化了国际贸易市场的竞争环境；另一方面，随着国际贸易发展的不断深化，各种摩擦矛盾开始凸显，不满情绪在越来越多的国家中酝酿累积，贸易保护主义抬头日益明显，这也在很大程度上挤压了我国国际贸易发展的空间。我国传统的国际竞争优势如生产要素成本较低等还在不断弱化，要培育国际竞争新优势，就要求我国能够积极适应和应对国际贸易规则的变革，在全球贸易规则制定中争夺更大的话语权；在传统比较优势的基础上，利用好规模优势，快速提高技术、品牌、标准等方面的核心竞争力；充分发挥我国外资利用的"综合优势"，包括市场广阔、配套基础设施完善等，提升外资的使用效率；在劳动成本优势下降、技术优势培育较慢的情况下，不断提高对外投资水平，增强国际竞争的综合实力。裴长洪（2016）也指出，改革开放以来我国依靠以低成本的劳动力为核心的要素禀赋优势在中低端产品的国际竞争中取得了领先优势，但是随着人口结构的变化，我国劳动力成本的优势弱化，在更高层次的开放型经济发展过程中，需要培育新的国际竞争优势：通过技术进步、资本有机构成的提高，形成资本和技术密集型的比较优势；通过提高文化教育水平降低人力资本的相对价格，形成新的劳动要素禀赋优势；通过境外的投资布局扩大境外的生产能力，充分利用好国内外关键生产资源；国内市场规模庞大，帮助我国在世界资源配置过程中占据更加主动的位置；积极参与国际规则的制定，培育提供国际公共产品的能力。

张佰英、王丽娜（2011）认为我国的低成本优势已经固化了我国经济的比较优势，影响了企业自主创新能力的培育，必须加快出口结构升级，突破核心技术，创造出口竞争新优势。面对外需环境的恶化、生产成本的上升。许德友（2015）指出我国的竞争优势开始从低要素价格向市场规模转换，必须依赖内需市场发展形成本地市场效应，驱动技术创新升级，培育出口竞争新优势。杜国臣（2016）也认为我国参与国际竞争的传统优势开始不断弱化，在劳动力、资源、能源、环境等方面都面临较大挑战，我国亟待形成参与国际竞争的新优势。

一些学者也对我国国际竞争新优势的水平进行了实证检验。例如，王涛生（2013）从技术含量、品牌价值、出口产品质量以及服务程度等四个方面衡量了我国出口竞争状况，并运用功效函数法构建了出口竞争新优势评价指数，研究结果表明，我国出口竞争新优势综合评价指数较低，技术含量、品牌价值、出口产品质量均远低于美国、德国、日本等国家。

为培育国际竞争的新优势，张燕生（2008）认为要通过开放竞争利用市场化手段实现关键技术的本地化，吸引技术含量更高的外资；加快经济国际化战略的落地，在市场需求的拉动下更加充分地实现内外资经济合作的互动。周柳军（2013）讨论了服务贸易对培育国际竞争新优势的作用，随着开放型经济水平的提升，在制造业投入中服务要素的比重也在快速增加，服务消费逐步成为居民消费的主要形式，服务领域变革为国民经济增长创造了难得的发展机会，把握服务贸易的发展契机，将有助于我国国际竞争新优势的形成。赵春明（2014）强调国际竞争新优势的培育需要借鉴主要发达国家的相关经验，将生产要素的质量提升与产业结构的优化相结合，加快我国生产要素价格体系的改革，逐步形成我国动态比较优势。

2.3 关于贸易强国评价指标的研究

在贸易强国指标体系构建方面，随着我国国际贸易规模优势的扩大，国内学者的相关研究也开始增加。一些学者根据贸易强国内涵涉及的相关维度构建了评价指标体系。孙杭生（2006）从国际贸易的规模、结构、环境条件以及盈利性等方面选取指标，构建了贸易强国指标体系，比较分析了我国和主要贸易强国的差距。赵蓓文（2013）从数量标准和质量标准两个方面选取指标构建了贸易强国指标体系，其中数量指标包括贸易规模、贸易市场占有率、人均 GDP 等，质量指标包括贸易结构、贸易质量、世界级品牌数量等，并基于该指标体系比较分析我国和德国、法国等主要贸易强国的差距。李钢等（2010）从我国对外贸易发展演进的视角出发，将数量指标和质量指标相结合，讨论了贸易强国的相关指标，在数量指标方面包括出口货物贸易规模、进口货物贸易规模、服务贸易规模，在质量指标方面包括世界 100 强企业中的数量，在国际标准和贸易规则制定的影响力、资源产品定价的主导权等。杨圣明（2011）总结归纳了贸易强国的主要标准，根据贸易规模进入全球前五名、贸易产品科技水平高、跨国公司成为国际贸易的经营主体等指标分析了美国、德国、日本等发达国家和我国的贸易现状。杨枝煌（2017）以美国为参照系，提出了包括 16 个基本特征的贸易强国指标体系，整体而言我国与美国在国际贸易方面的潜在差距仍然较大：尽管我国贸易体量排名靠前，但是我国服务贸易长期处于逆差状态，货币贸易规模与我国贸易总量也不匹配；非市场因素在资源配置中仍然处于主导地位；除了高铁等个别产业之外，多数产业的国际竞争力和创新能力偏弱，在全球价值链中仍处于中低端的位置；在主要大宗商品的定价中缺乏相应的话语权等。

一些学者基于我国从贸易大国向贸易强国转型发展的实践，从全球生产网络发展和价值链升级等视角讨论了贸易强国的评价指标。根据全球生产网络理论，张亚斌等（2007）从主体控制、客体市场化和内容升级三个方面选取指标构建贸易强国评价指标体系，囊括了对外直接投资比重、贸易附加值指数、贸易分散度等多个指标，利用因子分析和聚类分析方法，实证分析了美国、日本、英国、法国和我国的贸易竞争力，结果发现我国是贸易大国但不是贸易强国，综合来看还处在国际贸易价值链的中低端，属于第三阶梯的国家。吴江、张杨（2016）也基于类似的框架构建了贸易强国指标体系，主要包括了国际贸易的主体、内容以及市场贡献度等方面的指标，根据实证结果，可以看到判定贸易强国的主要因子包括贸易效益、贸易结构、贸易规模和贸易安全等，其中贸易效益的影响最大。借鉴生态学中的生态位理论，郑甘澍等（2013）提出"国家贸易生态位"的概念构建了国家贸易生态位的指标评价体系，并利用 Levins 公式、Pianka 公式测算了主要发达国家和发展中国家的生态位宽度值、生态位重叠值，从实证结果可以看到，总体而言我国的贸易生态位相对稳定，但是与英国、美国、德国和日本等传统贸易强国相比，我国在贸易生态位值尤其是资源与环境、社会等方面的差距仍然较大。

综上所述，关于贸易强国评价及我国与主要贸易强国比较的相关文献还是比较丰富，通过构建贸易强国指标讨论了我国与主要贸易强国的差异，为我国由贸易大国发展为贸易强国提供了相关政策建议。但是相关研究对于当前国际竞争形势发展变化的关注有限，关于国际竞争新优势推动贸易强国建设的讨论更加缺乏。本书将进一步分析国际贸易市场的新要求，深入探讨了我国的国际竞争新优势，并基于国际竞争的新趋势构建了贸易强国的评价指标体系。

第3章

国际贸易市场及我国国际贸易概况

3.1 国际贸易市场的发展

3.1.1 我国经济社会的长足发展为我国对外贸易提供有力保障

新中国成立 70 多年来，经济社会发展取得了举世瞩目的伟大成就。

3.1.1.1 经济发展连续迈上大台阶

70 多年来，我国以世界罕见的速度发展，工业化、信息化、城镇化、市场化、国际化快速推进，科技进步和自主创新能力明显提高，经济实力、科技实力、国防实力、综合国力进入世界前列。国务院新闻办公室 2019 年 9 月 20 日在新中国成立 70 周年工业通信业发展情况发布会上表示①，

---

① 新闻办就新中国成立 70 周年工业通信业发展情况举行发布会 ［EB/OL］. http：//www. gov. cn/xinwen/2019 – 09/20/content_5431683. htm#1，2019 – 09 – 20.

经过 70 多年的发展，我国已拥有 41 个工业大类、207 个工业中类、666 个工业小类，形成了独立完整的现代工业体系。仅用占全球不到 10% 的耕地，解决了近 14 亿人口的吃饭问题。水利、交通、能源、信息网络等基础设施建设突飞猛进，科技进步与创新步伐加快，在新一轮科技革命浪潮中踏浪前行。同时，发布会上工信部部长苗圩表示，我国已成为全世界唯一拥有联合国产业分类中所列全部工业门类的国家，工业增加值从 1952 年的 120 亿元增加到 2018 年的 30 多万亿元，按不变价计算增长约 971 倍，年均增长 11%①；根据世界银行数据库提供的数据，2010 年我国制造业增加值超过美国成为第一制造业大国。2018 年中国制造业新增产值 40027 亿美元，美国制造业产值为 21733 亿美元（2017 年）、日本为 10073 亿美元（2017 年）、德国为 8324 亿美元、韩国为 4409 亿美元。中国制造业产值分别是美国的 184%、日本的 397%、德国的 481%、韩国的 908%。显然，中国制造业规模是世界上最大的，而且从产值看，远远高于美国、日本、德国等制造业强国，制造业产值每年的增速也是远高于美国、日本、德国的增速。发布会上工信部部长苗圩同时也介绍了我国钢铁产业的发展：1949 年我国钢产量只有 15.8 万吨，只占当年世界产钢量的 0.1%，1958 年"大跃进"时期，我们还在为生产 1070 万吨钢而奋斗，到了 2018 年，我国钢产量已经超过 9 亿吨，增长 5799 倍，长期占据世界钢铁半壁江山。② 以移动通信产业为例，我国历经"2G 跟随、3G 突破"，实现了"4G 同步""5G 引领"的历史性跨越，5G 标准必要专利数量全球第一。全球移动通信系统协会（GSMA）于 2021 年 2 月发布的《2021 中国移动经济发展报告》中分析，中国 5G 应用的发展，得益于积极的网络铺设和不断增长的终端生态系统，随着 5G 在国内的快速普及，中国已成为 5G 应用的全球领导者之一。2020 年，中国新增 5G 连接数超过 2 亿户，占全球 5G 连接数的 87%，并预测到 2025 年，中国 5G 连接数将超过 8 亿户。工信部 2021 年 1 月底发布的最新统计数据显示，我国已建成全球最大 5G 网络，截至 2020 年底，开通 5G 基站超过 71.8 万个，实现所有地级以上城市 5G 网络全覆盖，5G 终端连接数超过 2 亿户，2021 年中国将持续深化 5G 网

---

① 周程程. 2018 年我国工业增加值超 30 万亿元 较 1952 年增长约 971 倍［EB/OL］. http：//finance. sina. com. cn/roll/2019 – 09 – 20/doc – iicezzrq7209098. shtml，2019 – 09 – 20.

② 赵新培. 工信部部长苗圩：我国钢产量 70 年增长 5799 倍［EB/OL］. http：//news. sina. com. cn/c/2019 – 09 – 20/doc – iicezueu7196929. shtml，2019 – 09 – 20.

络建设，计划新建 5G 基站 60 万个，推动提升产业基础能力。

1992 年我国工业增加值突破 1 万亿元大关，2007 年突破 10 万亿元大关，2012 年突破 20 万亿元，2018 年突破 30 万亿元。在世界 500 多种主要工业产品当中，中国有 220 多种工业产品的产量居全球第一。70 多年来我们建成了全球规模最大的信息通信网络，光缆的长度超过了 4500 万公里，电话用户的总规模达到 17 亿户，互联网宽带的接入用户也达到 4.4 亿户，网民数量 8.54 亿。2014 年以来，我国固定和移动宽带平均下载的速率都提升了近 7 倍。光纤进户的比例达 91%，100 兆以上的用户数占比达 79.4%，均处于世界领先水平。① 国家统计局 2021 年 2 月发布了《中华人民共和国 2020 年国民经济和社会发展统计公报》，初步核算，全年国内生产总值 1015986 亿元，比上年增长 2.3%。按年平均汇率折算，2020 年我国经济总量占世界经济的比重预计超过 17%。2021 年 7 月 16 日工信部新闻发言人介绍 2021 年上半年工业和信息化发展情况②：上半年工业经济持续稳定恢复，主要指标增势平稳。工业生产较快增长，上半年全国规模以上工业增加值同比增长 15.9%，两年平均增长 7.0%；制造业增加值同比增长 17.1%，两年平均增长 7.5%，增速快于整体工业。

3.1.1.2　经济社会结构持续优化

70 多年来，我国经济结构不断优化升级，成为推动国家发展的重要动力。社会结构不断适应经济结构变化，保障了经济社会协调稳定发展。

（1）产业结构优化升级。三次产业占比发生重大变化，根据国家统计局各年发布的数据显示，第一、二、三产业增加值占国内生产总值的比重和就业人员占比，分别从 1952 年的 50.5：20.8：28.7 和 83.5：7.4：9.1，调整为 2018 年的 7.2：40.7：52.2 和 26.1：27.6：46.3。同时，根据国家统计局《中华人民共和国 2020 年国民经济和社会发展统计公报》的数据显示，2020 年第一产业增加值 77754 亿元，增长 3.0%；第二产业增加值 384255 亿元，增长 2.6%；第三产业增加值 553977 亿元，增长 2.1%。第一产业增加值占国

---

① 李章，何凡. 锐意进取 70 年　大国更显"经"气神（工业篇）[EB/OL]. http：//www. chi-nanews. com/gn/2019/09 - 28/8967757. shtml，2019 - 09 - 28.

② 工信部：我国上半年规模以上工业增加值同比增长 15.9%　制造业增加值同比增长 17.1%[EB/OL]. http：//finance. eastmoney. com/a/202107162000645945. html，2021 - 07 - 16.

内生产总值比重为 7.7%，第二产业增加值比重为 37.8%，第三产业增加值比重为 54.5%。

（2）所有制结构合理调整。改革开放以来，我国根据基本国情和生产力发展要求，探索完善社会主义初级阶段基本经济制度，深化国有企业改革，公有制经济在改革中不断巩固和发展，非公有制经济发展壮大、活力增强，二者相辅相成、相得益彰。中共十九届四中全会提出，坚持和完善社会主义基本经济制度，推动经济高质量发展。混合所有制经济，是以公有制为主体、多种所有制经济共同发展这一基本经济制度的重要实现形式。发展混合所有制经济，既是完善基本经济制度的内在要求，也是夯实基本经济制度微观基础，使基本经济制度运行更加成熟有效的保证。2013 年中共十八届三中全会通过的《中共中央关于全面深化改革若干重大问题的决定》提出"积极发展混合所有制经济"以来，国企国资改革取得了突破性进展，经过股份制改造和国有资产优化配置后的混合所有制经济快速发展。2015 年 9 月国务院发布《关于国有企业发展混合所有制经济的意见》，鼓励非公有资本参与国企混改，有序吸引外资参与国企混改，鼓励国有资本多种方式入股非国有企业；分类、分层推进国企混改；电力、石油、天然气、铁路、民航、电信、军工等领域改革，开展放开竞争性业务、推进混改试点示范。国务院国资委在 2021 年 1 月 19 日新闻发布会上表示[①]，近年来，中国混合所有制改革已取得积极进展。2013 年以来，央企累计实施混改 4000 多项，引入社会资本超过 1.5 万亿元。央企混合所有制企业的户数占比超过 70%，比 2012 年底提高近 20 个百分点。地方国有企业混合所有制户数占比达到 54%，引入社会资本超过 7000 亿元。电力、民航、电信、军工等重点领域的混合所有制改革试点稳步推进，上市公司已成为央企混改的主要载体，央企控股的上市公司资产总额、利润分别占央企整体的 67% 和 88%。2020 年国资委专门成立了中国国有企业混合所有制改革基金，下一步在推进混合所有制改革中能够更好地发挥作用。另外，2020 年中央企业一年当中实施混改超过了 900 项，引入社会资本超过 2000 亿元。混合所有制改革不仅有效促进了企业经营机制转换，还推动了国有企业和其他所有制企业的相互促进、共同发展。央企所有者权益

---

① 刘丽靓. 国资委：2013 年以来央企累计实施混改 4000 多项　引入社会资本超 1.5 万亿元 [EB/OL]. http://www.cs.com.cn/sylm/jsbd/202101/t20210119_6131578.html，2021-01-19.

当中，引入社会资本形成的少数股东权益，由 2012 年底的 3.1 万亿元增加到 2020 年的 9.4 万亿元，占比由 27% 提高到 38%。另外，央企对外参股的企业超过 6000 户，国有资本投资额超过 4000 亿元。混合所有制改革在激发企业活力、提高发展质量和效益、放大国有资本功能等方面的效果逐步显现，不仅涌现出如海康威视、万华化学、中国巨石等一批具有示范意义的混合所有制企业，还培育形成了一批行业领军企业和专精特新的"隐形冠军"企业。央企集团层面主要还是保持国有独资或者国有全资，有条件的企业可进行股权多元化改革，这是未来主要方向。此外，央企层面暂无推进引入其他资本混合所有制改革的计划。

（3）创新逐步成为引领发展的第一动力。70 多年来，我国科技创新实现了由过去的跟跑为主，逐步地转向在更多领域并跑甚至领跑。自 2013 年起，我国成为仅次于美国的世界第二大研发经费投入国家，居发展中国家首位。2019 年 7 月国家统计局发布《科技发展大跨越，创新引领谱新篇——新中国成立 70 周年经济社会发展成就系列报告之七》指出，中国科技实力伴随着经济发展同步壮大，实现了从难以望其项背到跟跑、并跑乃至领跑的历史性跨越。报告中的统计数据显示，2018 年我国基础研究经费为 1118 亿元，是 1995 年的 62 倍，而 1996~2018 年年均增长为 19.6%。其中，在国家自然科学基金、国家重点基础研究发展计划（973 计划）等的支持下，我国在量子科学、铁基超导、暗物质粒子探测卫星、CIPS 干细胞等基础研究领域均取得了重大突破。而在高技术领域中，在国家科技重大专项和国家高技术研究发展计划（863 计划）等的支持下，神舟飞船与天宫空间实验室、北斗导航卫星、蛟龙号载人潜水器、海斗号无人潜水器、国产大飞机等均成功运行，高速铁路、三代核电、新能源汽车等领域也取得重大成果。在总研发经费方面，2018 年我国投入达 19657 亿元，是 1991 年的 138 倍。按汇率折算，中国已成为世界第二大研发经费投入国家，仅次于美国。除此之外，2018 年按折合全时工作量计算，全国研发人员总量为 419 万人年，是 1991 年的 6.2 倍。值得一提的是，早在 2013 年，我国研发人员总量就超过了美国，已经连续 6 年稳居全球第一位。在技术专利上，2018 年我国专利申请数和授权数分别为 432.3 万件和 244.8 万件，分别是 1991 年的 86 倍和 98 倍。与此同时，国外三大检索工具科学引文索引（SCI）、工程索引（EI）和科技会议录索引（CPCI）中，仅 2018 年就分别收录我国科研论文 41.8 万篇、26.6 万篇和 5.9

万篇，分居世界第二、第一和第二位，且基本科学指标数据库（ESI）数据显示，2018 年我国科学论文被引用次数位居全球第二。企业方面，2017 年我国研发经费中企业资金达 1.35 万亿元，占全社会研发经费的 76.5%。截至 2018 年底，我国认定国家级企业（集团）技术中心已达 1480 家。区域创新方面，2018 年我国高新区数量达 168 个，企业数达 11.7 万家，如北京怀柔、上海张江、安徽合肥等三个综合性国家科学中心都各具特色。孵化器、加速器、众创空间等科技中介组织也有高速发展。科技部部长王志刚 2021 年 3 月 7 日表示，2020 年我国基础研究占全社会研发总经费的比重首次超过 6%，这一比例此前多年徘徊在 5% 左右，"十三五"期间，中央财政对基础研究经费投入增长了 1 倍，还首次建设了 13 个应用数学中心，在物质科学、量子科学、纳米科学、生命科学等方面都取得了一批重大原创成果。2021 年政府工作报告提出，2021 年要健全稳定支持机制，大幅增加投入，中央本级基础研究支出增长 10.6%。根据"十四五"规划和 2035 年远景目标纲要草案，我国将制定实施基础研究十年行动方案，重点布局一批基础学科研究中心，基础研究经费投入占研发经费投入比重提高到 8% 以上。

（4）社会事业繁荣发展。教育事业成就显著，教育部 2020 年 12 月 1 日举行发布会介绍"十三五"期间国家教育改革发展情况，会议指出，中国各级教育普及程度均达到或超过中高收入国家平均水平。[①] 2019 年，学前教育毛入园率达到 83.4%，九年义务教育巩固率达到 94.8%[②]，高中阶段教育毛入学率达到 89.5%，高等教育毛入学率达到 51.6%，实现了从大众化向普及化的历史性跨越。文化事业繁荣发展，文化强国建设稳步推进，中华文化国际影响力不断提升。医疗卫生事业长足进步，公共卫生体系不断完善，国民健康水平持续提高，2020 年 6 月 5 日国家卫生健康委发布的《2019 年我国卫生健康事业发展统计公报》显示，居民人均预期寿命由 2018 年的 77.0 岁提高到 2019 年的 77.3 岁，孕产妇死亡率从 18.3/10 万下降到 17.8/10 万，婴儿死亡率从 6.1‰ 下降到 5.6‰。

（5）区域协调发展形成新格局。新中国成立初期，我国的工业基本集中

---

① 教育部新闻发布会介绍"十三五"期间国家教育改革发展、教师队伍建设、教育经费投入与使用、信息化建设情况［EB/OL］. http://www.gov.cn/xinwen/2020 - 12/01/content_5566284. htm, 2020 - 12 - 01.

② 九年义务教育巩固率是指初中毕业班学生数占该年级入小学一年级时学生数的百分比。

在广州、上海等沿海城市。"一五""二五"时期，以 156 个重大项目为重点，实现了对全国生产力布局的重大调整。改革开放后，先后作出一系列重要决策部署，统筹推进西部大开发、中部崛起、东北振兴和东部率先发展等地区协调发展战略，引领发挥各地区比较优势，区域发展的协调性不断增强。中共十八大以来，以习近平同志为核心的党中央确立京津冀协同发展、长江经济带发展、粤港澳大湾区建设、长三角一体化发展、黄河流域生态保护和高质量发展等重大战略，推动区域协调发展取得了一系列历史性成就，我国区域协调发展已呈现开放合作程度加深、产业转型升级加速、效率与公平并重的新特点。2019 年 8 月在中央财经委员会第五次会议上，习近平总书记强调，我国经济由高速增长阶段转向高质量发展阶段，对区域协调发展提出了新的要求，不能简单要求各地区在经济发展上达到同一水平，而是要根据各地区的条件，走合理分工、优化发展的路子，要形成几个能够带动全国高质量发展的新动力源，特别是京津冀、长三角、珠三角三大地区，以及一些重要城市群。不平衡是普遍的，要在发展中促进相对平衡，这才是区域协调发展辩证法。①

（6）城乡关系不断改善。新中国成立初期，服务于重工业优先发展战略，逐渐形成了城乡分割的体制。改革开放以后，城乡分割的体制逐步被打破，城乡关系走向融合。国家统计局 2020 年 2 月 28 日发布的《2019 年国民经济和社会发展统计公报》显示，2019 年末全国总人口 140005 万人（数据不含港澳台地区），比上年末增加 467 万人，其中城镇常住人口 84843 万人，占总人口比重（常住人口城镇化率）为 60.60%，比上年末提高 1.02 个百分点。户籍人口城镇化率为 44.38%，比上年末提高 1.01 个百分点。以常住人口统计的城镇化率，从 1978 年的 17.9% 提升至 2018 年的 59.6%。1949 ~ 2018 年，我国城市数量从 132 个增加到 672 个，以城市群为主体的大中小城市和小城镇协调发展的城镇格局初步形成。城乡关系正在由城乡二元结构向城乡融合、一体化发展转变。

（7）对外开放取得辉煌成就。新中国成立初期，主要同社会主义国家开展对外贸易，1950 年，货物进出口总额仅为 11.3 亿美元。改革开放以来，

---

① 习近平主持召开中央财经委员会第五次会议 [EB/OL]. http://www.gov.cn/xinwen/2019 – 08/26/content_5424679.htm, 2019 – 08 – 26.

我国货物进出口总额从 1978 年的 206 亿美元增加到 2018 年的 4.6 万亿美元，增长了 223 倍，我国成为全球货物贸易第一大国、服务贸易第二大国、对外投资第二大国，正在实行从引进来为主向引进来和走出去并重转变。① 根据国家统计局 2020 年的数据，新冠疫情席卷全球，在全球贸易和跨境投资大幅萎缩的情况下，2020 年我国货物进出口总额创历史新高，达到 321557 亿元，比上年增长 1.9%。其中，货物出口 179326 亿元，增长 4.0%；进口 142231 亿元，下降 0.7%。进出口相抵，顺差为 37096 亿元。机电产品出口增长 6%，占出口总额的 59.4%，比上年提高 1.1 个百分点。一般贸易进出口占进出口总额的比重为 59.9%，比上年提高 0.9 个百分点。民营企业进出口增长 11.1%，占进出口总额的比重为 46.6%，比上年提高 3.9 个百分点。12 月份，货物进出口总额 32005 亿元，同比增长 5.9%。其中，出口 18587 亿元，增长 10.9%；进口 13419 亿元，下降 0.2%。进出口相抵，贸易顺差 5168 亿元。国际收支总体改善，2020 年末，外汇储备余额 32165 亿美元，比上年末增加了 1086 亿美元。单位 GDP 能耗实现了下降，2020 年单位 GDP 能耗比上年下降 0.1%。1～11 月，实际使用外资同比增长 6.3%。②

3.1.1.3 人民生活水平持续提高

70 多年来，我们党始终把保障和改善人民生活作为发展经济的根本出发点和落脚点。城乡居民就业持续改善，就业规模不断扩大，就业结构逐渐优化，自主就业和创业实践改变了中国就业格局，"大众创业、万众创新"正逐步成为新时代我国扩大就业、实现富民之道的根本举措。城乡居民人均收入持续增长，根据国家统计局 2021 年 1 月数据③，2020 年全国居民人均可支配收入 32189 元，比上年名义增长 4.7%，扣除价格因素，实际增长 2.1%。其中，城镇居民人均可支配收入 43834 元，增长 3.5%，扣除价格因素，实际增长 1.2%；农村居民人均可支配收入 17131 元，增长 6.9%，扣除价格因

---

① 去年我国货物进出口总额 4.6 万亿美元 外贸跨越式发展 [EB/OL]. http：//finance. sina. com. cn/roll/2019 – 09 – 27/doc – iicezzrq8681088. shtml? tj = none&tr = 9，2019 – 09 – 27.

② 国家统计局：2020 年我国货物进出口总额创历史新高 [EB/OL]. https：//m. gmw. cn/2021 – 01/18/content_34551409. htm，2021 – 01 – 18.

③ 国家统计局：2020 年，全国居民人均可支配收入 32189 元，比上年名义增长 4.7%，扣除价格因素，实际增长 2.1% [EB/OL]. http：//forex. cngold. org/fxb/c5472891. htm，2021 – 01 – 01.

素，实际增长 3.8%。城乡居民消费水平快速提升，全国居民人均消费支出，由 1956 年的 88 元增长到 2018 年的 19853 元，2018 年全国居民恩格尔系数降到 28.4%，商品短缺和凭证供应的时代一去不复返，家电、汽车等耐用消费品拥有量大幅增加，居住条件显著改善。2020 年，全国居民人均消费支出 21210 元。其中，城镇居民人均消费支出 27007 元；农村居民人均消费支出 13713 元。

社会保障事业持续推进，2018 年末，我国基本养老保险覆盖超过 9 亿人，医疗保险覆盖超过 13 亿人，基本实现全民医保。① 各级各类基本公共服务设施不断改善，国家基本公共服务项目和标准得到全面落实。根据人力资源和社会保障部 2020 年统计数据，2020 年全国基本养老保险参保人数 9.99 亿人、失业保险参保人数 2.17 亿人、工伤保险参保人数 2.68 亿人，较上年度均有增加。6098 万建档立卡贫困人口参加基本养老保险，参保率保持在 99.99%。三项社会保险基金总收入 5.02 万亿元，总支出 5.75 万亿元，累计结余 6.13 万亿元，基金运行总体平稳。养老保险省级统筹全面实现。基金中央调剂力度持续加大，跨省调剂基金 1768 亿元。基本养老保险基金委托投资工作全面启动，合同规模 1.24 万亿元。各项社保待遇按时足额发放。建立退休人员养老金合理调整机制，退休人员基本养老金调整惠及超过 1.2 亿退休人员。为近 1.7 亿城乡老年居民提高基础养老金标准。失业保险、工伤保险待遇稳步提高。社会保障卡持卡人数达到 13.35 亿人，电子社保卡签发超过 3.6 亿张，社会保障卡应用范围不断拓展。②

3.1.1.4　国际地位和影响力显著提升

70 多年来，我国突破了外来封锁，坚持独立自主的和平外交政策，发展与各国的经济政治文化交流，借鉴先进国家经验，逐步从封闭半封闭走向全方位开放。特别是中共十八大以来，以习近平同志为核心的党中央对我国外交总体布局作出战略谋划，全面推进中国特色大国外交，形成全方位、多层次、宽领域的全面开放新格局，积极推动构建人类命运共同体，

---

① 数说中国：我国人民生活发生翻天覆地变化［EB/OL］. http：//www. chinanews. com/gn/2019/12 – 30/9046907. shtml，2019 – 12 – 30.

② 人力资源社会保障部新闻发布会介绍 2020 年人力资源和社会保障工作进展情况［EB/OL］. http：//www. gov. cn/xinwen/2021 – 01/27/content_5582857. htm，2021 – 01 – 27.

着力构建新型大国关系，目前中国是世界上最大、综合实力最强的发展中国家，在国际上的地位不断提高，在国际事务中的影响力不断增大，成为国际舞台上的一支重要力量，必将为世界和平与发展作出了新的重大贡献。

3.1.2 全球国际贸易市场的发展历程

全球经济持续多年的较快增长推动了国际贸易的不断深化，1990～2019年全球名义 GDP 年增速平均为 3.6%，同期全球商品贸易年增速平均达到了 5.7%。从 GDP 和贸易额增速百分比的变动（见图 3－1）可以看到，长期以来国际商品贸易的增速和 GDP 增速的变动趋势基本一致，但是从增长速度的绝对值来看，商品贸易相对较快。全球商品贸易占 GDP 比重在 2008 年达到最高值，全球货物进出口额分别为 16.21 万亿美元、15.90 万亿美元，服务进出口额分为 3.78 万亿美元、3.91 万亿美元。由于全球金融危机的冲击，全球经济从 2008 年开始整体出现了下滑，主要发达国家都出现了不同程度的

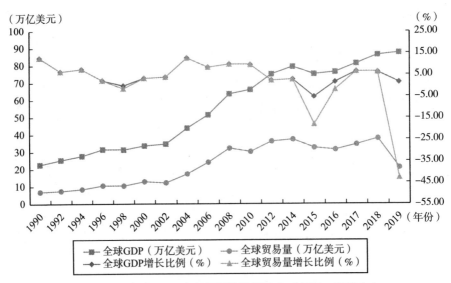

图 3－1　全球 GDP 和贸易额的增长速度（1990～2019 年）

资料来源：国家统计局数据库、联合国贸易和发展会议数据库、EPS 数据库。

经济衰退，一些国家的衰退幅度甚至堪比 20 世纪 30 年代的大萧条时期。伴随着全球经济的衰退，贸易保护主义抬头，国际贸易的需求骤减，国际贸易额占 GDP 的比重迅速下降。

中国在 2013 年跃居全球第一大商品贸易国，拥有 110 家《财富》世界 500 强上榜企业（与美国的数量相当），而且无论作为外商直接投资（FDI）的目的国还是对外投资来源国，中国都已跻身全球前两位。然而，中国经济尚未实现与世界的全方位融合。中国企业的绝大部分营收仍然来自本国市场。国际企业进入中国金融市场时，依然要面对运营与监管方面冗杂的掣肘因素。尽管中国蓬勃的数字经济产生了海量数据，但跨境数据流的规模仍然较为有限。中国的改革开放使全球其他经济体受益良多——消费者得以享受中国出口的低价商品，跨国企业也从迅猛扩张、活力四射的中国市场中捕获到了新的增长来源。但在此过程中也难免要付出某些代价，首先便是中等收入就业岗位的流失，这在发达经济体中表现得尤为明显。

如表 3 - 1 所示，中国的贸易总额从 1950 年的 41.5 亿元到 2019 年的 304217 亿元，翻了 7000 多倍。1950 年，我国贸易进出口总额是 41.5 亿元，增加到 1984 年的 1201 亿元，用了 34 年；从 1984 年的超千亿元增加到 1993 年的 11271 亿元，用了 9 年；从 1993 年超万亿元增加到 2005 年的 116921 亿元，用了 12 年；从 2005 年的超 10 万亿元到 2010 年的 201722 亿元，用了 5 年；从 2010 年的超 20 万亿元到 2019 的 304217 亿元，用了 9 年。

表 3 - 1　　　　　　1950～2019 年中国进出口贸易总额数据　　　单位：亿元人民币

年份	总额	出口	进口	顺逆差
1950	41.5	20.2	21.3	-1.1
1951	59.5	24.2	35.3	-11.1
1952	64.6	27.1	37.5	-10.4
1953	80.9	34.8	46.1	-11.3
1954	84.7	40	44.7	-4.7
1955	109.8	48.7	61.1	-12.4
1956	108.7	55.7	53	2.7

续表

年份	总额	出口	进口	顺逆差
1957	104.5	54.5	50	4.5
1958	128.7	67	61.7	5.3
1959	149.3	78.1	71.2	6.9
1960	128.4	63.3	65.1	−1.8
1961	90.7	47.7	43	4.7
1962	80.9	47.1	33.8	13.3
1963	85.7	50	35.7	14.3
1964	97.5	55.4	42.1	13.3
1965	118.4	63.1	55.3	7.8
1966	127.1	66	61.1	4.9
1967	112.2	58.8	53.4	5.4
1968	108.5	57.6	50.9	6.7
1969	107	59.8	47.2	12.6
1970	112.9	56.8	56.1	0.7
1971	120.9	68.5	52.4	16.1
1972	146.9	82.9	64	18.9
1973	220.5	116.9	103.6	13.3
1974	292.2	139.4	152.8	−13.4
1975	290.4	143	147.4	−4.4
1976	264.1	134.8	129.3	5.5
1977	272.5	139.7	132.8	6.9
1978	355	167.6	187.4	−19.8
1979	454.6	211.7	242.9	−31.2
1980	570	271.2	298.8	−27.6
1981	735.3	367.6	367.7	−0.1
1982	771.3	413.8	357.5	56.3
1983	860.1	438.3	421.8	16.5
1984	1201	580.5	620.5	−40

续表

年份	总额	出口	进口	顺逆差
1985	2066.7	808.9	1257.8	−448.9
1986	2580.4	1082.1	1498.3	−416.2
1987	3084.2	1470	1614.2	−144.2
1988	3821.8	1766.7	2055.1	−288.4
1989	4155.9	1956	2199.9	−243.8
1990	5560.1	2985.8	2574.3	411.5
1991	7225.8	3827.1	3398.7	428.4
1992	9119.6	4676.3	4443.3	233
1993	11271	5284.8	5986.2	−701.4
1994	20381.9	10421.8	9960.1	461.7
1995	23499.9	12451.8	11048.1	1403.7
1996	24133.8	12576.4	11557.4	1019
1997	26967.2	15160.7	11806.5	3354.2
1998	26849.7	15223.6	11626.1	3597.5
1999	29896.3	16159.8	13736.5	2423.4
2000	39273.2	20634.4	18638.8	1995.6
2001	42183.6	22024.4	20159.2	1865.2
2002	51378.2	26947.9	24430.3	2517.6
2003	70483.5	36287.9	34195.6	2092.3
2004	95539.1	49103.3	46435.8	2667.5
2005	116921.8	62648.1	54273.7	8374.4
2006	140974	77597.2	63376.86	14220.3
2007	166863.7	93563.6	73300.1	20263.5
2008	179921.47	100394.94	79526.53	20868.41
2009	150648.06	82029.69	68618.37	13411.32
2010	201722.15	107022.84	94699.3	12323.54
2011	236401.95	123240.56	113161.39	10079.2
2012	244160.2	129359.3	114801	14558.29

年份	总额	出口	进口	顺逆差
2013	258168.9	137131.4	121037.5	16093.98
2014	264334.49	143911.66	120422.84	23488.82
2015	231403	133668	97735	35933
2016	231841	132329	99512	32817
2017	267001	149590	117411	32179
2018	293624	160299	133325	26974
2019	304217	169411	134806	34605

注：因数据来源不一，小数点后位数保留并不一致。
资料来源：笔者根据世界银行、国家统计局公布的数据整理。

2019 年我国国内生产总值 990865 亿元，GDP 总量将近 100 万亿元人民币，人均国内生产总值 70892 元，按年平均汇率折算达到了 10276 美元，突破了 1 万美元的大关，实现了新的跨越。从增速看，2019 年国内生产总值比上年增长 6.1%，符合 6% ~6.5% 的预期目标。从就业看，2019 年全年城镇新增就业 1352 万人，完成全年目标的 122.9%。从外贸看，对外贸易逆势增长 3.4%，其中，与"一带一路"沿线国家进出口增势良好，对"一带一路"沿线国家合计进出口增长 10.8%。从投资看，全年全国固定资产投资 551478 亿元，比上年增长 5.4%。高技术产业、教育文化体育等领域投资增长较快。从消费看，全年社会消费品零售总额 411649 亿元，比上年增长 8.0%。实物商品网上零售额占社会消费品零售总额的比重为 20.7%，比上年提高 2.3 个百分点。① 根据国家统计局 2021 年 4 月 16 日发布的数据，2021 年一季度中国国民生产总值 249310 亿元人民币，按可比价格测算，同期相比增长 18.3%，比 2020 年四季度同比增长 0.6%，比 2019 年一季度增长 10.3%，2 年均值增长 5.0%。② 2021 年 4 月 6 日，世界银行（IMF）公布《世界经济展望报告》，预估 2021 年中国经济发展将增长 8.4%，较 1 月份估计值上涨 0.3

① 2019 年中国 GDP 增长 6.1% 五大亮点解读｜国内生产总值 ［EB/OL］. https：//www. 163. com/money/article/F33ATHBJ002580S6. html，2020 - 01 - 17.
② 下一个中国经济的发动机在哪里 ［EB/OL］. https：//xueqiu. com/2791125833/177447084，2021 - 04 - 08.

个点。IMF 在汇报中强调，"合理的疫情防控对策、立即增加公共性项目投资、中央银行出示流通性适用，使中国经济发展得到强悍再生"。世界银行公布的 2021 年 4 月《东亚与太平洋地区经济半年报》预测分析，伴随着世界经济逐渐转暖，中国经济发展在 2021 年增长将更为强悍，预估将完成 8.1% 的增长。世界贸易组织此前公布的 2021 年度《全球贸易数据与展望》表明，2020 年中国再次变成世界最大的输出国和第二大出口国，进出口贸易贸易额各自占全世界的 11.5% 和 14.7%。改革开放 40 多年，中国外贸体量和规模迎来多级跳，发生了翻天覆地的变化，一以贯之的开放政策和不断与时俱进的开放理念为中国外贸发展奠定了坚实的基础和政策保障。

如表 3-2 所示，2011 年以后国际贸易开始恢复，贸易额占 GDP 的比重有所提高，逐渐发展到接近危机前的水平。但是随着以美国为代表的发达经济体开始逐渐将供应链向国内转移，从 2013 年开始国际贸易总额增长放缓，贸易额占 GDP 又呈现下降趋势。到 2016 年底全球货物贸易再次陷入低谷，贸易规模仍小于 2008 年时的水平。

根据表 3-3 中世界货物贸易的增长率，2016 年世界贸易量增长率达到 2009 年以来的最低值，仅为 1.3%，其中发达国家货物贸易的进口总额增速为 2%，出口增速为 1.4%，而发展中国家货物贸易的进口总额和出口总额的增速更低，进口总额增速仅为 0.2%，出口总额的增速为 1.3%。根据德国安联集团旗下的信贷保险公司裕利安怡（Euler Hermes）的研究结果，2019 年全球商品和服务贸易量仅增长了 1.5%，这是过去十年来最低的增长率。由于原材料价格的下跌，全球贸易额减少 1.7%，出口贸易减少 4200 亿美元。为了使各国商品和服务的出口在世界范围内具有可比性，将本国货币折合为美元计算，而由于美元在过去一年不断升值，因此相对损失更大。因此以美元计，损失最大的是中国，出口额减少 670 亿美元，其次是德国，减少 620 亿美元。[①] 在严峻复杂的国际形势和新冠肺炎疫情的冲击下，我国外贸进出口明显好于预期，外贸规模再创历史新高，我国成为全球唯一实现货物贸易正增长的主要经济体，充分体现了我国外贸的强大韧性和综合竞争力。根据 2021 年 2 月 28 日国家统计局公布《中华人民共和国 2020 年国民经济和社会

---

① 不确定性和关税正在减缓世界贸易 ［EB/OL］. http：//info. jctrans. com/newspd/myxw/201911272501762. shtml, 2019 - 11 - 27.

表3-2　　　　　　　　　　　　贸易额占GDP的比重

单位：%

地区	1999年	2000年	2001年	2002年	2003年	2004年	2005年	2006年	2007年	2008年	2009年	2010年	2011年	2012年	2013年	2014年	2015年
世界	35.9	39.4	38.1	38.3	39.9	43.1	45.4	48.2	49.3	51.9	42.4	47.0	50.7	50.0	49.7	48.9	45.2
高收入国家	35.3	38.5	37.1	37.0	38.2	41.1	43.2	46.3	47.9	50.6	41.6	46.7	51.0	50.3	51.7	50.9	46.8
中等收入	39.7	44.3	43.6	45.1	48.5	53.5	55.2	56.0	54.7	56.1	44.7	47.7	50.0	49.2	46.6	45.5	42.1
低收入国家	38.2	33.6	39.4	40.6	42.8	46.6	46.9	48.7	47.7	49.7	42.8	48.5	52.7	52.3	48.3	46.9	43.0

资料来源：世界银行、EPS数据库。

表 3 – 3 世界货物贸易的增长率 单位：%

类别	2009 年	2010 年	2011 年	2012 年	2013 年	2014 年	2015 年	2016 年
世界货物贸易量	– 12.5	13.9	5.2	2.3	2.4	2.8	2.6	1.3
出口：发达国家	– 15.2	13.1	5.1	1.1	1.6	2.2	2.7	1.4
发展中国家和新兴经济体	– 7.4	15.3	5.4	4.1	3.9	3.3	2.0	1.3
进口：发达国家	– 14.3	10.7	3.1	0.0	– 0.2	2.2	4.7	2.0
发展中国家和新兴经济体	– 10.5	18.2	8.0	5.4	5.3	2.0	0.5	0.2

资料来源：笔者根据世界贸易组织的相关《贸易快讯》整理。

发展统计公报》的数据，全年货物进出口总额 321557 亿元，比上年增长 1.9%。其中，出口 179326 亿元，增长 4.0%；进口 142231 亿元，下降 0.7%。货物进出口顺差 37096 亿元，比上年增加 7976 亿元。对"一带一路"沿线国家进出口总额 93696 亿元，比上年增长 1.0%。其中，出口 54263 亿元，增长 3.2%；进口 39433 亿元，下降 1.8%。这意味着，我国外贸全球第一大国的地位得到进一步巩固。据世界贸易组织和各国 2020 年公布的数据，2020 年前 10 个月，我国进出口、出口、进口国际市场份额分别达 12.8%、14.2%、11.5%，均创历史新高，其他国家的进出口贸易也因此受益。具体来看，2020 年，东盟首次以 4.74 万亿元的进出口额，成为中国第一大贸易伙伴；而欧盟、美国则分别以 4.5 万亿元、4.06 万亿元，分列为中国第二、三大贸易伙伴。[①] 更关键的是，2020 年 11 月，东盟国家已与中国签署了《区域全面经济伙伴关系协定》（RECP），预计 2021 年也有望蝉联我国第一大贸易伙伴地位。2021 年 7 月 13 日，海关总署新闻发言人、统计分析司司长李魁文表示，总体看来，当前新冠肺炎疫情仍在全球多地蔓延，疫情走势错综复杂，外贸发展面临的不确定、不稳定因素依然较多。同时，2020 年下半年，我国外贸进出口比去年上半年增长近 27%，在较高基数的影响下，2021

---

① 吕佳敏. 全球外贸第一大国！中国 2020 进出口总额 32.16 万亿，美国情况如何［EB/OL］. https：//www. 163. com/dy/article/G0A2A1NM0519EO06. html，2021 – 01 – 14.

年下半年进出口同比增速或将放缓，但全年进出口仍然有望保持较快增长。①

不同收入水平国家的贸易状况差异更加明显，相对而言高收入国家的贸易依赖度更高，受金融危机的冲击更大，但是恢复也更快。从表 3 - 3 中的贸易增长率来看，发达国家逐步缩小了与发展中国家及新兴市场国家的差距，截至 2016 年，发达国家的出口增速已经实现了反超。在货物进出口总额排名前十的国家中，除中国外的货物进出口大国均为发达国家，而这 10 个国家的出口额之和占全球出口总额的比例超过了 50%。据世界贸易组织 2019 年 5 月 13 日发布的《全球贸易数据与展望》报告显示，2018 年，全球贸易总额约为 39.342 万亿美元，增长 3.0%，远低于预期。其中，全球商品出口总额为 19.475 万亿美元，全球商品进口总额约为 19.867 万亿美元。2018 年，中国贸易进出口总额为 4.62 万亿美元（约合 30.51 万亿元），同比增长 12.6%，占全球贸易总额的 11.75%。相比美国，2018 年，美国贸易进出口总额为约为 4.278 万亿美元，同比增长 8.2%，占全球贸易总额的 10.87%，成为仅次于中国的全球第二大货物贸易国。除此之外，2018 年德国贸易总额约为 2.847 万亿美元，占全球贸易总额 7.2% 居于全球第三大货物贸易国，而日本贸易总额则约为 1.487 万亿美元，占全球贸易总额 3.8%，居于全球第四大货物贸易国。②

自从中国开始建立与世界各国的经济往来、实行市场机制，并积极接纳全球最佳实践以后，中国经济便迈入了腾飞阶段。如今，中国已凭借其庞大的经济体量跻身全球大国之列。企业世界 500 强数量同国家的经济发展状况相匹配。从规模看，自 2002 年中国企业联合会首次发布中国企业 500 强以来，上榜企业保持快速扩张态势。特别是近十年来，入围门槛从 2011 年的 142 亿元提高到了 392 亿元，营业收入规模从 36.32 万亿元增加到 89.83 万亿元，资产规模从 108.10 万亿元增加到 343.58 万亿元。千亿级规模企业从 80 家增加到 222 家。而从入围世界 500 强的中国企业数量来看，2011 年，仅有 58 家上榜，这个数字还不到美国的一半。2020 年，中国入围世界 500 强企业

---

① 海关总署：2021 年全年进出口仍然有望保持较快增长 ［EB/OL］. http：//news. youth. cn/jsxw/202107/t20210713_13092765. htm，2021 - 07 - 13.

② 39 万亿！2018 年全球贸易总额，美国占 10.87%，日本 3.8%，中国呢？［EB/OL］. https：//www. 360kuai. com/pc/920e396fb961343ad？cota = 4&kuai_so = 1&tj_url = so_rec&sign = 360_57c3bbd1&refer_scene = so_1，2019 - 05 - 14.

达到 133 家，在数量上超过美国，成为世界第一。2021 年，继续领跑，达到 143 家。①

同时，中国与世界之间的经济联系正在悄然改变。按购买力平价计算，中国在 2014 年已经成为全球第一大经济体；按名义 GDP 总量来计算，中国在 2018 年已达到美国的 66%，成为全球第二大经济体。2011 年，我国的 GDP 总量按美元计约为 7.57 万亿美元，全球的 GDP 总量约为 73.3 万亿美元，我国经济总量占全球总量的比例约为 10%。2020 年我国 GDP 总量约为 14.73 万亿美元，全球 GDP 总量约为 84.25 万亿美元，我国的经济总量占全球的比例已经达到了 15.6%。② 根据麦肯锡全球研究院发布的《2019 麦肯锡报告——中国与世界》中"MGI 中国 - 世界经济依存度指数"显示，世界对中国经济的依存度相对有所上升，中国对世界经济的依存度则相对降低。根据商品、服务、金融、人员和数据流动情况对各个经济体的参与度进行了排名，结果显示，中国 2017 年的连接程度位居全球第 9 名。世界各国也随之开始重新审视这种关系。于是，贸易争端时常见诸媒体头条，技术流动面临新规审查，保护主义日渐抬头，地缘政治局势越发紧张。

3.1.3　国际贸易市场的当前形势

2008 年全球金融危机后主要发达国家经济出现了负增长，其中 2009 年欧元区增长率最低达到 - 4.1%，日本增长率为 - 5.2%，美国增长率为 - 2.4%。发展中国家的经济增速也大幅下滑，主要新兴国家中除了中国、印度外，2009 年俄罗斯、巴西和南非的经济均为负增长。经济合作与发展组织在 2021 年 7 月发布的《2021 年度就业展望报告》中称，与 2019 年相比，经济合作与发展组织成员国在 2020 年减少了约 2200 万个工作岗位，全球范围则减少了 1.14 亿个工作岗位，预计到 2022 年底，经济合作与发展组织成员国的就业率仍将低于新冠疫情大流行前的水平。联合国 2020 年 1 月发布的《2020 年世界经济形势与展望年中报告》显示：受新冠肺炎疫情影响，2020

---

① 2021 年 143 家中国企业入围世界 500 强 全球竞争力显著提高 [EB/OL]. http：//news. youth. cn/gn/202110/t20211011_13256553. htm，2021 - 10 - 11.

② 今年我国 GDP 占全球比重约为 16%，那在十年以后，占比会是多少 [EB/OL]. https：//new. qq. com/rain/a/20210624A0854300，2021 - 06 - 24.

年全球经济预计萎缩3.2%。报告预计，2020年世界贸易将收缩近15%，发达国家经济将萎缩5%，发展中国家经济萎缩0.7%。2020~2021年，全球经济产出累计损失将达8.5万亿美元，几乎抹去过去4年的全部增长。受新冠肺炎疫情影响，全球经济遭受重挫，供应链中断、需求被抑制。在经济增长停滞不前、贫富差异日益扩大的背景下，美国等国家政治环境出现了明显变化，民粹主义的影响持续增加。

自20世纪90年代以来驱动全球化不断深入的制度因素和技术因素也出现了一定程度的边际效应衰减，国际贸易增速放缓。各国尤其是发达国家为了应对国内经济的衰退，开始更加重视实体经济的发展，纷纷加大了对国内制造业的支持力度。比如在美国，先进制造业国家战略计划和国家制造业创新网络计划等支持政策陆续出台，美国是世界上强大且具创新能力的工业国家，智能制造的工业基础雄厚，核心技术和部件绝大部分都可以自主研发制造。美国是最早提出信息物理系统（CPS）的国家，也是明确提出了智能制造概念和关键技术的国家，特别突出了互联网、机器人和增材制造的作用；英国提出了"现代工业策略"，重点从10个方面在支持促进制造业的复兴；德国将"工业4.0"纳入高科技战略的框架下，不断巩固其在制造业方面的竞争优势；法国在核电、高速列车、航空航天、汽车等制造业领域处于世界领先水平，奠定了法国作为世界先进制造业强国的地位，法国政府于2013年推出《新工业法国》战略，旨在通过创新重塑工业实力。一些国家对国际贸易实施更加严格的限制措施，除了传统贸易保护措施如反倾销等之外，本地化要求、知识产权制度等新形式的贸易保护措施也得到了更多的应用，全球范围内贸易摩擦明显增多。一些发达国家开始寻求绕开世界贸易组织，更多地通过双边谈判或者区域联盟的方式来解决国际贸易中面临的问题。

如表3-4所示，全球主要的经济体经过几年调整，国内经济状况均出现了一定的回升，但增长速度仍然相对缓慢，国际经济环境的复苏还呈现脆弱且不均衡的状态。发达国家中美国经济复苏势头强劲，欧元区经济增速已经接近危机前水平，而日本的经济增速相对偏慢。新兴经济体和发展中国家的增长速度仍然继续保持领先，和发达国家之间的差距不断缩小，内部发展的分化更加明显。比如我国和印度的经济增速2016年分别达到6.7%和6.8%，仍然保持了相对较高的增长速度；但更多的新兴经济体仍然处于困境，比如俄罗斯和巴西等国家的经济都出现了不同程度的萎缩。总体来看，全球经济发展前景的不确定性逐渐增加，全球金融体系仍然处于比较脆弱的状态，国际贸易市场仍然面临较大的压力。

表 3 - 4 　　　　　　　　　金融危机以来世界经济增长趋势　　　　　单位：%

地区	2009 年	2010 年	2011 年	2012 年	2013 年	2014 年	2015 年	2016 年
世界经济	- 0.6	5.0	3.9	3.3	3.4	3.4	3.4	3.1
发达国家	- 3.2	3.0	1.6	1.3	1.4	1.8	2.1	1.7
美国	- 2.4	2.8	1.7	2.2	2.2	2.4	2.6	1.6
欧元区	- 4.1	1.7	1.4	- 0.4	- 0.5	0.9	2	1.7
英国	- 0.3	- 4.3	1.9	0.7	1.7	3.6	2.2	1.8
日本	- 5.2	3.9	- 0.7	2.2	1.6	- 0.1	1.2	1
新兴市场和发展中国家	2.4	7.3	6.2	5.3	5.0	4.6	4.2	4.1
俄罗斯	- 3.9	4.7	4.8	2.1	1.3	0.6	- 2.8	- 0.2
中国	9.4	10.6	9.5	7.9	7.8	7.4	6.9	6.7
印度	8.5	10.3	6.6	5.5	6.9	7.2	7.9	6.8
巴西	- 0.3	7.5	3.9	1.9	2.7	0.1	- 3.8	- 3.6
南非	- 1.5	3.0	3.3	2.2	2.3	1.6	1.3	0.3

资料来源：笔者根据国际货币基金组织（IMF）历年《世界经济展望》整理。

　　从近几年国际市场货物和服务出口情况来看，如表 3 - 5 以及表 3 - 6 所示，2003 年以来主要发达国家的出口市场份额均有所下降，而新兴市场国家和地区的出口份额均有所上升，但是在 2008 年金融危机前后，主要出口大国的份额变动趋势都出现了一些新的调整。在金融危机之前，美国出口占国际市场的份额持续下降，货物出口份额从 2003 年的 12.02% 下降到 2010 年的 8.10%，服务出口份额从 2003 年的 18.07% 下降到 2010 年的 13.63%，产业空心化导致美国出口的国际竞争力逐渐弱化。金融危机之后，美国政府对于制造业的政策支持力度明显加强，外加美国国内廉价油气资源的开发利用、工业生产机器人技术不断成熟，越来越多的美国企业开始回迁，美国出口占国际市场的份额也稳步回升，2017 年货物出口份额达到了 9.30%，服务出口份额达到了 16.93%。据联合国统计署 2020 年 5 月的统计数据，2019 年 1 ~ 12 月，美国货物进出口额为 4211768417886 美元，比上年同期下降 87.7%。其中，出口 1644276220783 美元，下降 87.6%，进口 2567492197103 美元，下降 87.7%，贸易逆差 923215976320 美元。① 2020 年 1 ~ 2 月，美国货物进出口额为 331019439033 美元，比上年同期下降 93.7%。其中，出口 128979511214 美元，下降 93.8%，进口 202039927819 美元，下降 93.7%，贸易逆差 73060416605 美元。② 根据 2021 年 2 月 16 日瀚闻资讯发布的《1992—2020 年中国美国双边货物进出口额走势报告》和《1992—2020 年中国俄罗斯双边货物进出口额走势报告》显示，1992 ~ 2020 年，中国美国双边货物进出口额从 175.0 亿美元增长至 5871.0 亿美元，复合年均增长率为 13.4%。近 28 年来，双边货物进出口额同比增长的年份共有 25 年。其中共有 17 年实现两位数增长。最高增速出现在 1993 年。近 28 年来，双边货物进出口额同比下降的年份共有 3 年。其中共有 2 年遭受两位数下降。最大降幅出现在 2019 年。2018 ~ 2020 年，中国美国双边货物进出口额分别为 6335.2 亿美元、5415.6 亿美元、5871.0 亿美元，同比分别为 8.5%、-14.5%、8.4%。③ 同时，1992 ~ 2020 年中国俄罗斯双边货物进出口额从 58.6 亿美元增长至 1077.0 亿美元，复合年均增长率为 11.0%。近 28 年来，双边货物进出口额同比增长的年份共有 22 年。其中共有 16 年实现两位数增长。最高增速出现在 2007 年。近 28 年来，双边货物进出口额同比下降的年份共有 6 年。其中共有 5 年遭受两位数下降。最大降幅出现在 1994 年。2018 ~ 2020 年，中国俄罗斯双边货物进出口额分别为 1071.1 亿美元、1109.4 亿美元、1077.0 亿美元，同比分别为 27.2%、3.6%、-2.9%。④

---

① 2019 年 1—12 月美国货物进出口额为 42117.7 亿美元 贸易逆差 9232.1 亿美元 [EB/OL]. http：//data. chinabaogao. com/hgshj/2020/05T923912020. html，2020 - 05 - 08.

② 2020 年 1—2 月美国货物进出口额为 3310.2 亿美元 贸易逆差 730.6 亿美元 [EB/OL]. http：//data. chinabaogao. com/hgshj/2020/05T923952020. html，2020 - 05 - 08.

③ 1992—2020 年中国美国双边货物进出口额走势报告 [EB/OL]. https：//www. 163. com/dy/article/G2UPBR5G0538VI84. html，2021 - 02 - 16.

④ 1992—2020 年中国俄罗斯双边货物进出口额走势报告 [EB/OL]. https：//www. 163. com/dy/article/G2UP7P970538VI84. html，2021 - 02 - 16.

表3-5　主要国家或地区货物出口占全球货物出口份额的变化

单位：%

国家或地区	2003年	2004年	2005年	2006年	2007年	2008年	2009年	2010年	2011年	2012年	2013年	2014年	2015年	2016年	2017年
美国	12.02	10.91	9.75	9.02	8.74	8.62	8.34	8.10	8.55	8.51	8.22	8.50	8.48	8.68	9.30
德国	9.43	9.69	10.11	10.07	9.42	9.31	9.59	9.09	9.07	8.38	8.18	7.70	7.75	8.00	8.22
日本	6.65	6.56	6.35	6.26	5.77	5.43	5.19	4.91	4.70	5.12	4.57	4.39	3.84	3.70	3.86
法国	5.33	5.22	5.27	5.00	4.50	4.17	4.06	3.88	3.93	3.49	3.31	3.13	3.12	3.11	3.13
英国	4.50	4.41	4.11	3.84	3.79	3.79	3.21	2.97	2.87	2.77	2.81	2.60	2.90	2.71	2.85
中国	4.39	5.12	5.89	6.56	7.39	8.14	8.86	9.00	9.73	10.50	10.53	11.26	11.85	12.54	14.06
中国香港	3.15	3.18	3.08	2.94	2.83	2.71	2.54	2.33	2.67	2.67	2.53	2.71	2.87	2.81	3.16
墨西哥	2.61	2.53	2.22	2.08	2.08	2.10	1.97	1.83	1.86	1.99	1.94	2.04	2.04	2.13	2.35
韩国	2.48	2.56	2.61	2.81	2.76	2.73	2.70	2.65	2.94	3.10	3.08	3.01	3.00	3.07	3.26
俄罗斯	1.68	1.69	1.83	2.03	2.37	2.55	2.57	2.97	2.46	2.67	2.90	2.91	2.81	2.67	2.10
巴西	0.96	0.95	0.98	1.07	1.15	1.16	1.17	1.24	1.24	1.34	1.42	1.33	1.30	1.21	1.18
印度	0.72	0.77	0.79	0.85	0.97	1.02	1.09	1.23	1.34	1.51	1.68	1.63	1.69	1.73	1.65
南非	0.48	0.47	0.49	0.51	0.50	0.49	0.51	0.51	0.50	0.61	0.60	0.55	0.51	0.49	0.50

资料来源：世界银行。

表 3－6　主要国家或地区服务出口占全球服务出口份额的变化

单位：%

国家或地区	2003年	2004年	2005年	2006年	2007年	2008年	2009年	2010年	2011年	2012年	2013年	2014年	2015年	2016年	2017年
美国	18.07	16.74	15.61	14.92	14.49	14.35	14.06	13.63	14.69	14.98	14.58	14.90	14.97	14.85	16.93
英国	8.39	8.37	9.20	9.27	9.13	9.26	9.09	7.85	7.59	7.16	7.03	7.08	7.16	7.19	7.77
法国	6.61	6.73	6.78	6.30	5.96	5.69	5.67	5.74	5.56	5.36	5.50	5.32	5.48	5.52	5.43
中国	5.94	6.09	3.10	3.49	3.05	3.24	3.61	3.72	3.51	3.12	4.67	4.57	4.42	5.60	6.46
德国	5.63	6.09	6.33	6.52	6.19	6.25	6.10	6.17	6.38	6.05	5.82	5.73	5.80	5.82	5.96
日本	4.26	3.93	4.19	4.32	3.96	3.76	3.50	3.61	3.46	3.58	3.27	3.11	2.89	3.27	3.66
中国香港	2.05	2.00	1.82	1.80	1.84	1.87	1.86	1.79	1.85	2.14	2.12	2.24	2.24	2.13	2.35
韩国	2.03	1.86	1.93	2.01	1.97	1.97	2.06	2.34	2.08	2.21	2.11	2.35	2.21	2.24	2.21
印度	1.14	1.16	1.29	1.68	2.03	2.39	2.49	2.71	2.66	3.11	3.22	3.30	3.17	3.12	3.23
俄罗斯	0.84	0.90	0.99	1.01	1.12	1.23	1.26	1.46	1.31	1.31	1.35	1.41	1.50	1.31	1.17
巴西	0.55	0.51	0.52	0.52	0.58	0.64	0.69	0.78	0.79	0.82	0.86	0.89	0.81	0.80	0.76
南非	0.32	0.30	0.47	0.45	0.46	0.45	0.43	0.36	0.38	0.43	0.40	0.40	0.36	0.34	0.34
墨西哥	0.82	0.75	0.67	0.60	0.61	0.55	0.50	0.45	0.42	0.40	0.36	0.37	0.43	0.42	0.51

资料来源：世界银行。

其他发达国家中，德国和韩国的出口份额相对比较稳定，根据德国联邦统计局统计，德国货物出口份额 2003 年、2017 年分别为 9.43%、8.22%，服务出口份额 2003 年、2017 年分别为 5.63%、5.96%，同时，据欧盟统计局统计，2019 年 1~9 月德国货物贸易继续下降态势，德国货物进出口额为 20510.7 亿美元，比上年同期（下同）下降 4.7%。其中，出口 11219.9 亿美元，下降 5.2%；进口 9290.9 亿美元，下降 4.1%；贸易顺差 1929.0 亿美元，下降 10.2%。事实上，德国在 2019 年全年的经济非常低迷，仅实际增长 0.6%，完成的名义 GDP 约为 3.85 万亿美元，全球排第四名。同期，德国的进出口虽下降了 4.3%，但仍然达到了 27234.3 亿美元——在全球仅次于中美（两国都超过 4 万亿美元），排第三名。德国 GDP 总量远低于日本，但外贸总额却是第三名（超过日本的外贸总额），即意味着德国经济更加依赖对外贸易（外贸依存度高达 71.5%）。① 原因是德国国内市场相对狭窄，需要国际市场消化产能，因此长期重视对外贸易。

据韩国海关统计，韩国货物出口份额 2003 年、2017 年分别为 2.48%、3.26%，服务出口份额 2003 年、2017 年分别为 2.03%、2.21%，2019 年韩国货物进出口额为 10455.8 亿美元，比上年（下同）下降 8.3%。其中，出口 5422.3 亿美元，下降 10.4%；进口 5033.4 亿美元，下降 6.0%；贸易顺差 388.9 亿美元，下降 44.2%。2019 年韩国经济同比实际增长了 2%，完成的名义 GDP 约为 1.64 万亿美元，人均 GDP 约为 3.175 万美元。同期，韩国的货物进出口额为 10455.8 亿美元，同比下降 8.3%。其中，出口 5422.3 亿美元，进口 5033.4 亿美元。② 韩国经济对贸易的依存度也高达 63.75%——虽略低于德国的 71.5%，但仍属较高水平。

2019 年日本经济继续保持较低的增速——仅同比实际增长 0.7%，完成的名义 GDP 接近 554.5 万亿日元，按平均汇率折算接近 5.087 万亿美元，在全球继续排第三名。按照 1.262 亿人口计算，日本人均 GDP 约为 4 万美元，低于同期的美国（人均约 6.5 万美元）、德国（人均约 4.6 万美元）、加拿大（人均约 4.6 万美元）、英国（人均约 4.23 万美元）、法国（人均约 4.04 万

---

① 数据分析：2019 年 1—9 月德国货物贸易及中德双边贸易报告［EB/OL］. http：//www.007wto.com/a/jckzx/20200110/10227.html，2020 - 01 - 10.

② 海关数据：2019 年韩国货物贸易及中韩双边贸易报告［EB/OL］. http：//www.007wto.com/a/jckzx/20200424/10550.html，2020 - 04 - 24.

美元），在 G7 集团中仅高于意大利。2019 年日本的外贸依存度为 28%。[①]
2020 年 2 月 15 日上午，日本官方对外公布了 2020 年第四季度以及整个 2020
年的 GDP 发展数据——全年 GDP 同比实质下降 4.8%，不仅好于之前各大机
构预测的下降 5%，而且也比 2009 年全球金融危机时的萎缩 5.7% 要小。换
言之，2020 年日本经济虽然因疫情受到重创，其二季度经济增速更是创下二
战以来的增速新低。但由于各项刺激措施的推动，下半年各季度经济出现了
较为明显的复苏，导致全年经济增速好于市场预估。[②] 这意味着，日本经济
已经不再过多依赖贸易了，从"贸易立国"，转变成了"内需型经济"——
即主要依靠国内需求特别是国内消费需求的不断扩大来实现经济增长的经济
发展模式。

　　从表 3 - 5 和表 3 - 6 可以看到，日本的货物出口份额从 2003 年的 6.65%
下降到 2017 年的 3.86%，服务出口份额从 2003 年的 4.26% 下降到 2017 年的
3.66%，2018 年日本货物进出口金额为 14865.7 亿美元。2019 年日本货物进
出口额为 14262.7 亿美元，比上年（下同）下降 4.1%，其中，出口商品
7055.3 亿美元，下降 4.4%；进口商品 7207.4 亿美元，下降 3.7%；法国的
货物出口份额从 2003 年的 5.33% 下降到 2015 年的 3.13%，服务出口份额从
2003 年的 6.61% 下降到 2017 年的 5.43%，2019 年法国货物贸易进出口
9136.8 亿美元，比上年同期（下同）下降 2.4%。其中，出口 4253.1 亿美
元，下降 1.6%；进口 4883.7 亿美元，下降 3.2%。贸易逆差 630.6 亿美元，
下降 12.3%；英国的货物出口份额从 2003 年的 4.50% 下降到 2017 年的
2.85%，服务出口份额从 2003 年的 8.39% 下降到 2017 年的 7.77%，2019 年
英国货物进出口额为 1158252515096 美元，比上年同期下降 87.5%。其中，
出口 467886821954 美元，下降 88.1%，进口 690365693142 美元，下降
87.1%，贸易逆差 222478871188 美元。

　　主要新兴市场国家的出口份额在金融危机之前均呈上升势头，从表 3 - 5
和表 3 - 6 可以看到，俄罗斯的货物出口份额从 2003 年的 1.68% 增加到 2010
年的 2.97%，服务出口份额从 2003 年的 0.84% 增加到 2010 年的 1.46%，

　　① 南生. 哎……日本人均 GDP 已低于发达国家平均水平了，这说明了什么？［EB/OL］. ht-
tps：//baijiahao. baidu. com/s？id = 1663407446193360040，2020 - 04 - 08.
　　② 依然超过 5 万亿美元！2020 年日本 GDP 为 539.3 万亿日元，下降 4.8%［EB/OL］. https：//
www. 163. com/dy/article/G2TB6CDS0517BT3G. html，2021 - 02 - 15.

2019 年海港出口货物数量为 6.54 亿吨, 同比增加 4.9%, 进口量为 3720 万吨, 同比增加 2.8%, 转运量为 6720 万吨, 同比增加 4.5%, 沿海运输量为 8180 万吨, 同比减少 11.9%。俄罗斯联邦海关署的统计结果显示, 2020 年 1 ~ 12 月, 俄罗斯对外贸易值为 5719 亿美元, 较 2019 年同期减少了 15.2%。其中, 2020 年全年出口贸易额为 3382 亿美元, 较 2019 年同期减少了 20.7%, 独联体国家占比 14.4%, 非独联体国家占比 85.6%; 进口贸易额为 2337 亿美元, 较 2019 年同期减少了 5.7%, 独联体国家占比 10.7%, 非独联体国家占比 89.3%。2020 年全年贸易顺差为 1045 亿美元, 较 2019 年同期减少了 739 亿美元[①]。巴西的货物出口份额从 2003 年的 0.96% 增加到 2010 年的 1.24%, 服务出口份额从 2003 年的 0.55% 增加到 2010 年的 0.78%。2019 年巴西货物进出口额为 4013.4 亿美元, 比上年同期 (下同) 下降 4.7%。其中, 出口 2240.0 亿美元, 下降 6.6%; 进口 1773.4 亿美元, 下降 2.2%; 贸易顺差 466.6 亿美元, 下降 20.5%。2019 年 1 ~ 12 月, 巴西货物进出口额为 127914043776 美元, 比上年同期下降 96.2%。其中, 出口 72149202927 美元, 下降 96.2%; 进口 55764840849 美元, 下降 96.2%; 贸易顺差 16384362078 美元。[②] 但是一些新兴市场国家自身存在不少结构性矛盾, 如过度依赖能源等资源类产品的出口、产品的技术水平偏低、国内基础设施建设滞后、生产成本相对下降有限等, 在全球金融危机中均受到了较大冲击。比如俄罗斯的货物出口份额从 2010 年的 2.97% 下降到 2017 年的 2.10%, 服务出口份额从 2010 年的 1.46% 下降到 2017 年的 1.17%, 虽然近些年俄罗斯有意加强了工业品、农产品的出口力度, 但能源类商品依然占据了俄罗斯对外商品出口的最大份额——2019 年俄罗斯出口的能源类商品占比高达 62.1%, 2020 年依然占据了 49.6%; 巴西的货物出口份额从 2010 年和 2011 年的 1.24% 下降到 2017 年的 1.18%, 服务出口份额从 2014 年的 0.89% 下降到 2017 年的 0.76%。巴西《经济价值报》2021 年 5 月 17 日消息, 2000 年大宗产品出口在巴西总出口中所占比重为 34.5%, 在外部市场需求带动下, 大宗商品价格上涨, 目前大宗商品在巴西出口中所占比重已超过 2/3。2021 年 1 ~ 4 月, 大

---

① 管雪青. 俄罗斯联邦海关署公布 2020 年 1—12 月俄罗斯对外贸易统计数据 [EB/OL]. https://new. qq. com/omn/20210209/20210209A06JLG00. html, 2021 - 02 - 09.

② 2019 年 1—12 月巴西货物进出口额为 1279.1 亿美元 贸易顺差 163.8 亿美元 [EB/OL]. http://data. chinabaogao. com/hgshj/2020/05T923T2020. html, 2020 - 05 - 08.

宗商品出口价格上涨 23.4%，大宗商品在出口中所占比重达到 68.5%，巴西出口产品较为集中，大豆占 16%、铁矿砂占 15%、石油占 11%，三项合计占出口总额的 42%。①

中国和印度的出口份额均保持了上升势头，但是近几年的增长开始出现波动。中国的货物出口份额从 2003 年的 4.39% 增加到 2017 年的 14.06%，增长幅度较大，已经成为全球最重要的货物出口大国；而服务出口份额从 2003 年的 5.94% 增加到 2017 年的 6.46%，增长相对较慢，与主要服务出口大国美国、英国还存在明显差距。根据联合国商品贸易统计数据库（UN Comtrade）的数据，印度的货物出口份额从 2003 年的 0.72% 增加到 2017 年的 1.65%，增长趋势从 2010 年开始已经明显下降；服务出口份额从 2003 年的 1.14% 增加到 2017 年的 3.23%，增长幅度较大，但是从 2014 年开始服务出口份额的增长也出现了停滞。2021 年以来，印度第二波新冠肺炎疫情快速恶化，使得印度很多工厂关闭，众多本土企业和跨国公司陷入困境，印度的多个支柱产业也面临着严重的冲击。由于大规模的封城措施，制药公司基本停摆，印度向欧洲等地区出口药物的供应链受到极大影响。同时，从 2020 年 4 月到 2021 年 3 月，印度的纺织品和服装出口额较此前一年相比，下滑了 12.99%；从 338.5 亿美元降至 294.5 亿美元。其中，服装出口下滑 20.8%，纺织品出口下滑 6.43%。②

此外，受美国制造业回归的拉动，墨西哥近几年的出口份额增长十分突出，货物出口份额从 2010 年的 1.83% 增长到 2017 年的 2.35%，服务出口份额从 2013 年的 0.36% 增长到 2017 年的 0.51%（见表 3-5 和表 3-6 所示）。墨西哥《经济学家报》2021 年 2 月 15 日报道，据世界粮农组织统计，2020 年墨西哥农业出口总额 395.25 亿美元，再创历史新高；进口 271.78 亿美元，进出口盈余 123.47 亿美元，实现连续第六年贸易顺差，主要原因是有利的气候条件以及农产品外需不断增加。墨西哥农业进出口贸易主要包括农产品、家畜、渔产品和农工业品。出口产品多样，主要包括饮品（龙舌兰酒、啤酒和梅斯卡尔酒）、蔬菜（西红柿）、水果（鳄梨和草莓）、肉类（牛肉）和海

---

① 近 20 年巴西大宗商品出口比重大幅增加 [EB/OL]. http：//br. mofcom. gov. cn/article/jmxw/ 202105/20210503062480. shtml，2021 - 05 - 19.

② 印度魔幻现实：疫情严重 多产业瘫痪 股市却大涨 [EB/OL]. https：//finance. ifeng. com/ c/86j2bMUscSf，2021 - 06 - 01.

产品（虾）。墨西哥是全球第六大果蔬生产国，年均产量超过 3800 万吨。①

2019 年 4 月，世界贸易组织发布的《全球贸易数据与展望》报告中显示 2018～2019 年全球贸易增长并不理想，2018 年世界商品出口总额为 39.342 万亿美元，其中中国货物贸易进出口总额达到 4.623 万亿美元（占比全球 11.75%），继续保持世界第一。此外，中国服务贸易出口增长 17%，进口增长 12%，而全球服务贸易额平均增长仅 8%。② 2019 年全年货物进出口总额 315505 亿元，比上年增长 3.4%。其中，出口 172342 亿元，增长 5.0%；进口 143162 亿元，增长 1.6%；货物进出口顺差 29180 亿元，比上年增加 5932 亿元。对"一带一路"沿线国家进出口总额 92690 亿元，比上年增长 10.8%。其中，出口 52585 亿元，增长 13.2%；进口 40105 亿元，增长 7.9%。③

2021 年上半年我国外贸进出口总值 18.07 万亿元，同比增长 27.1%。其中，出口 9.85 万亿元，增长 28.1%；进口 8.22 万亿元，增长 25.9%。2021 年 6 月我国外贸进出口 3.29 万亿元，同比增长 22%，与 2019 年同期相比，2021 年上半年进出口增长 22.8%。中国 2021 年 6 月出口（以美元计）同比增 32.2%，预期增 21.4%，前值增 27.9%；进口增 36.7%，预期增 26.2%，前值增 51.1%；贸易顺差 515.3 亿美元。对发达国家出口上升较多，对美国出口从 5 月的 20.6% 降至 17.8%，对日本出口从 5 月的 5% 升至 26%，对欧盟出口从 12.6% 升至 27.2%，对主要发达经济体出口从 14.6% 升至 27.3%，而对新兴经济体出口从 45.3% 降至 35.4%，对日本欧盟出口上升较多。分国别进口方面，从美国进口从 5 月的 40.5% 降至 37.6%，从日本进口从 33.6% 降至 21.4%，从欧盟进口从 57.79% 降至 34.1%，从东盟进口从 53.8% 降至 33.7%，从主要经济体进口增速均有所回落。二季度对发达国家出口从一季度的 53.4% 降至 20.9%，对新兴经济体出口从 44.9% 降至 42.6%，尽管出口保持较快增长，但是对发达国家出口增速放缓较多；二季度从发达国家进口从一季度的 32.9% 升至 38.6%，从新兴经济体进口从一季度的 21.7% 升至

① 驻墨西哥合众国大使馆经济商务处 2020 年墨农业出口同比增长 5.2% ［EB/OL］. http：// www. mofcom. gov. cn/article/i/jyjl/l/202102/20210203038852. shtml，2021 - 02 - 17.

② 39 万亿！WTO 宣布！2018 全球贸易中国第一，美、日与华差多少呢？［EB/OL］. https：// www. sohu. com/a/305886991_591132，2019 - 04 - 04.

③ 中华人民共和国 2019 年国民经济和社会发展统计公报（3）［EB/OL］. https：//baijiahao. baidu. com/s？ id = 1659773452966343268&wfr = spider&for = pc% EF% BC% 8C20 - 02 - 28.

51.2%，大宗商品价格上涨对进口金额增长贡献较大。2021 年 6 月进口增速回落，其中农产品和机电产品、高新技术产品进口均有所放缓。具体来看，2021 年 6 月原油进口 4013.5 万吨，同比降 24.5%，原油进口金额同比增长 62.8%，天然气进口 1020.9 万吨，同比增 22.5%。铜矿砂进口 167.1 万吨，同比增 4.8%（比上月增 15%），然而由于国际铜价大涨，铜矿砂进口金额同比增长 91.29%；煤及褐煤进口 2.839.2 万吨，同比增 12.3%；铁矿砂进口 8.941.7 万吨，同比降 12.1%，但由于铁矿价格上涨，进口金额同比大幅增长 83.396；钢材进口 125.2 万吨，同比降 33.3%。2021 年 6 月农产品进口维持高增速，同比增 33.4%，其中大豆进口 1.072.2 万吨，同比降 3.9%。2021 年 6 月机电产品以及高新技术产品进口边际回落，机电产品同比增长 28.4%，高新技术产品进口增 29.5%。2021 年 6 月，分商品出口方面，原材料价格上涨推动 6 月出口增速略超预期，主要是价格因素推动，钢材和铝等大宗商品出口金额同比增幅远超出口量。此外，海外补库需求推动机械设备出口进一步回升，而其他主要商品出口增速则出现放缓。具体来看，灯具、玩具、家电和家具出口分别同比增长 22.4%、40.5%、47.3% 和 25.3%，而上月增速分别为 30.5%、68.9%、56.5% 和 50.5%，增速较上月继续放缓。①

美国生产恢复，对我国资本品进口需求继续回升，通用机械设备出口增速由 2021 年 5 月 28.3% 进一步回升至 6 月的 30.4%，原材料出口维持较高增速，塑料制品出口增速同比 11.7%；钢材出口量同比增长 74.5%，未锻轧铝及铝材出口是同比 28.3%，而受到大宗商品涨价影响，钢材和铝的出口金额同比分别大幅增长 145.6% 和 67.8%，防疫物资出口依然负增长，医疗仪器和纺织品出口分别同比为 -19.5% 和 -22.5%，传统劳动密集型产品中服装、箱包出口继续同比增长 17.7%，39.2%，增速继续回落。整体来看，由于海外疫情得到缓解，产能逐渐恢复，2021 年第二季度开始我国耐用品以及医疗器械相关出口增速开始放缓，下半年随着工业品价格见顶回落，价格因素对于出口的影响可能逐渐消退，出口增速可能将进一步下行。

---

① 陈健恒，李雪，丁雅洁.7 月贸易数据分析：内外需同步放缓带动进出口增速回落［EB/OL］. http：//stock. finance. sina. com. cn/stock/go. php/vReport_Show/kind/lastest/rptid/682100420337/index. phtml，2021 - 08 - 12.

3.2 我国国际贸易的发展

3.2.1 我国国际贸易的发展历程

改革开放以来，我国不断深化体制、机制改革，主动适应国际市场发展要求，利用国际贸易的方式引进了稀缺的资金、先进的技术及管理经验，有效盘活了劳动力资源优势，加快了国内经济城市化、工业化和市场的进程，迅速发展成为全球国际贸易额最大的国家之一。由表 3 - 1 数据可见，1978年我国的出口总额约为 168 亿元，进口总额约为 187 亿元，国际贸易还处于逆差状况，出口总额占 GDP 的比重也非常低，仅为 4.56%。改革开放之后，我国进口总额和出口总额基本同步增长，在国际市场上的参与程度不断加深。随着我国市场经济发展、产品竞争力提高，1990 年我国顺差开始转正，达到约 411 亿元，1990 年的出口总额约为 2985 亿元，进口总额约为 2574 亿元，出口总额占 GDP 的比重增加到了 15.82%。

从图 3 - 2 我国的国际贸易变动趋势可以看到，从 1993 年左右开始我国进出口贸易的发展明显提速，开始步入超过 20 年的高速增长期。尽管 1997 年的亚洲金融危机对我国的国际贸易带来了一定影响，进出口增速放缓，贸易顺差收窄，出口总额占 GDP 的比重下降到 20% 左右，但经过两年左右调整我国进出口贸易又基本恢复了高速增长，贸易顺差规模开始增加。尤其在加入世界贸易组织之后，我国加快了市场化改革的步伐，通过整合国内外市场的生产要素，我国企业的生产效率、创新能力和综合竞争能力得到了全面提升；为了接轨国际市场的交易规则，我国的法律法规体系、经济贸易政策等逐步完善，市场经济环境不断优化。自 2001 年起，我国的国际贸易规模进一步加速扩张，出口总额和进口总额分别从 2001 年的 2.20 万亿元和 2.02 万亿元增加到 2008年的 10.04 万亿元和 7.95 万亿元，出口总额和进口总额之间的差距迅速扩大，贸易顺差从 2001 年的 0.19 万亿元增加到 2008 年的 2.09 万亿元，出口总额占 GDP 的比重从 19.87% 增加到 2008 年的 31.42%。2015 年出口总额从14.12 万亿元增加到 2019 年的 17.23 万亿元，进口总额也从 2015 年的 10.43

万亿元增加到 14.32 万亿元。但 2020 年略有下降（见图 3 - 3）。

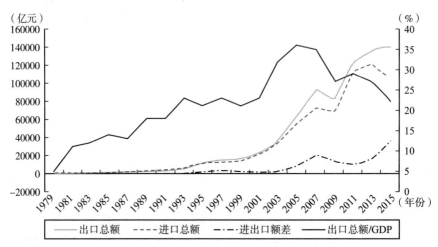

图 3 - 2　1979 ~ 2015 年我国国际贸易的变动趋势

资料来源：国家统计局国家数据库。

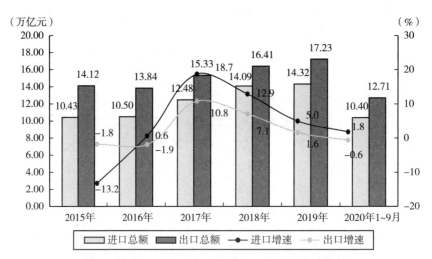

图 3 - 3　2015 ~ 2020 年我国进出口总额及增长情况

资料来源：国家统计局国家数据库。

2008 年全球金融危机后欧美等主要市场经济陷入衰退，消费需求转向低迷，我国出口环境恶化，国际贸易受到了较大冲击。2009 年我国的国际贸易出现了改革开放以来的首次深度调整，出口总额和进口总额大幅下降，分别减少了约 18% 和 14%。尽管很快我国进出口贸易状况逐渐恢复，但是增长速度明显放缓，在本次冲击中我国国际贸易方面存在的问题也开始引起更加广泛的关注。

2008 年全球金融危机后，美国等发达国家开始重视实体经济空心化的问题，纷纷推出了重振制造业的相关计划，我国出口在中高端市场面临的竞争更加激烈，贸易摩擦明显增加，我国进口总额出口总额的增速放缓，从 2013 年开始我国国际贸易重新进入了调整期。国际贸易增速下滑导致其对我国国民经济的拉动作用也开始下降，我国出口总额占 GDP 的比重从最高时的 35.36% 下降到 2015 年的 20.49%。2020 年 1 月 14 日海关总署发布 2019 年全年进出口情况，数据显示，2019 年我国货物贸易进出口总值 31.54 万亿元人民币，比 2018 年增长 3.4%，占到我国 2019 年 GDP 总量的 35%，可见国际贸易对我国的经济影响还是比较大的。① 2021 年 7 月 13 日举行的上半年进出口情况新闻发布会上，海关总署新闻发言人、统计分析司司长李魁文介绍，海关统计 2021 年上半年我国货物贸易进出口总值 18.07 万亿元人民币，比 2020 年同期增长 27.1%。其中，出口 9.85 万亿元，增长 28.1%；进口 8.22 万亿元，增长 25.9%。与 2019 年同期相比，进出口、出口和进口分别增长 22.8%、23.8% 和 21.7%。具体看，主要有以下三个方面特点：一是进出口连续 13 个月同比正增长。6 月，我国外贸进出口 3.29 万亿元，同比增长 22%，自 2020 年 6 月份起连续第 13 个月实现同比正增长。二是一般贸易进出口增长较快。上半年，我国一般贸易进出口 11.19 万亿元，增长 30.7%，占我国外贸总值的 61.9%，较去年同期提升 1.7 个百分点；其中，出口 6.02 万亿元，增长 32.1%；进口 5.17 万亿元，增长 29.2%。同期，加工贸易进出口 3.89 万亿元，增长 15.8%，占 21.5%。三是民营企业主力军地位更加巩固。上半年，我国民营企业进出口 8.64 万亿元，增长 35.1%，占我国外贸总值的 47.8%，较去年同期提升 2.8 个百分点，持续位居我国第一大外贸经营主体。同期，外商投资企业进出口 6.61 万亿元，增长 19%；国有企业进出口 2.75 万亿元，增长 23.8%。②

---

① 海关总署：2019 年我国货物贸易进出口总值 31.54 万亿元 ［EB/OL］. http：//www. ce. cn/ xwzx/ gnsz/ gdxw/202001/14/t20200114_34118969. shtml，2020 – 01 – 14.

② 张宇慧. 上半年我国货物贸易进出口总值 18.07 万亿元 连续 13 个月同比正增长 ［EB/OL］. https：//m. gmw. cn/baijia/2021 – 07/13/1302403215. html，2021 – 07 – 13.

3.2.2　我国国际贸易的贸易顺差变动

根据表 3 - 7 以及图 3 - 4 的进出口差额统计可以看出，我国进出口顺差中来源于美国、英国、西班牙，以及中国香港等国家或地区的顺差份额较大，而来源于韩国、日本、澳大利亚，以及中国台湾等国家或地区贸易逆差规模较大。在加入世界贸易组织之后我国进出口顺差规模迅速扩大，但是贸易顺差、逆差的结构变动相对不大，主要逆差国（地区）中日本的逆差份额下降幅度较大，从加入世界贸易组织之前的 - 129.39% 下降到 2009 ~ 2015 年的 - 9.72%，而其他贸易逆差国（地区）的份额比重基本保持稳定；主要贸易顺差国（地区）相对变动较大，比如英国的顺差份额从加入世界贸易组织之前的 - 0.02% 增加到 2009 ~ 2015 年间的 10.80%，中国香港的顺差份额从加入世界贸易组织之前的 - 17.31% 增加到 2009 ~ 2015 年间的 97.98%，而美国的顺差份额相对略有下降，从加入世界贸易组织之前的 96.18% 减少到 2009 ~ 2015 年间的 73.07%。

表 3 - 7　　　　　　　　　我国与主要贸易国家或地区的进出口差额

地区或国家	1998 ~ 2002 年		2003 ~ 2008 年		2009 ~ 2015 年	
	均值（万美元）	比重（%）	均值（万美元）	比重（%）	均值（万美元）	比重（%）
合计	299574.0	100.00	1498588.7	100.00	2854832.2	100.00
美国	288115.6	96.18	1219503.5	81.38	2086005.6	73.07
澳大利亚	- 14446.9	- 4.82	- 59216.1	- 3.95	- 430699.3	- 15.09
英国	- 71.5	- 0.02	74065.0	4.94	308329.4	10.80
德国	- 78599.2	- 26.24	- 240663.2	- 16.06	- 183804.5	- 6.44
法国	- 26589.9	- 8.88	- 24670.2	- 1.65	52995.6	1.86
意大利	29031.5	9.69	146253.3	9.76	115334.5	4.04
西班牙	84556.8	28.23	339861.5	22.68	128997.8	4.52
日本	- 387617.2	- 129.39	- 1034821.9	- 69.05	- 277390.4	- 9.72
韩国	- 153486.7	- 51.23	- 585228.7	- 39.05	- 763152.8	- 26.73

续表

地区或国家	1998～2002 年		2003～2008 年		2009～2015 年	
	均值（万美元）	比重（%）	均值（万美元）	比重（%）	均值（万美元）	比重（%）
中国台湾	-163029.2	-54.42	-430501.4	-28.73	-937603.1	-32.84
中国香港	-51843.0	-17.31	24597.1	1.64	2797242.4	97.98

资料来源：国家统计局国家数据库。

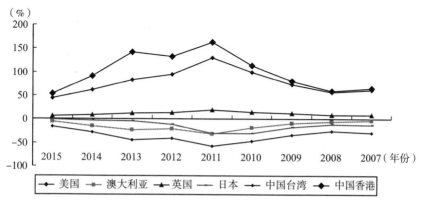

图 3-4　金融危机以来我国贸易顺差中主要贸易国家或地区的贡献
资料来源：国家统计局国家数据库。

　　根据表 3-8 关于我国出口市场的份额情况可以看到，在加入世界贸易组织之前，美国、日本和中国香港在我国出口市场中份额比较大，出口市场相对而言仍然比较分散，在 1998～2000 年间 20 个重点出口国家或地区在我国出口市场份额仅为 35.06%。自 2001 年我国加入世界贸易组织之后，出口扩张的速度加快，在 2001～2008 年间面向 20 个重点市场的平均出口总额超过了加入世界贸易组织之前出口总额的 10 倍；出口市场份额也开始向发达国家或地区集中，如美国、日本、德国以及中国香港在我国出口市场中的份额分别达到了 19.87%、10.33%、4.05% 和 15.61%，20 个重点出口市场在我国出口市场份额合计达到了 76.60%。

表 3 - 8　　　　　　　　我国主要出口市场的份额变动

国家或地区	1998~2000 年		2001~2008 年		2009~2015 年	
	均值（万美元）	比重（%）	均值（万美元）	比重（%）	均值（万美元）	比重（%）
美国	131993.8	8.92	1491295.7	19.87	3362859.7	17.37
加拿大	7717.7	0.52	112206.1	1.49	259892.3	1.34
澳大利亚	8498.3	0.57	110225.8	1.47	337867.0	1.75
巴西	3184.9	0.22	63777.4	0.85	288619.1	1.49
英国	15821.9	1.07	189374.1	2.52	468734.5	2.42
德国	24411.7	1.65	303860.9	4.05	675391.9	3.49
法国	9449.1	0.64	117694.7	1.57	268820.2	1.39
意大利	9308.9	0.63	125194.2	1.67	275817.6	1.42
西班牙	5443.5	0.37	89327.6	1.19	189250.3	0.98
俄罗斯	5570.6	0.38	139932.2	1.86	383021.6	1.98
印度	3739.4	0.25	116198.9	1.55	470947.8	2.43
印度尼西亚	6011.1	0.41	80744.8	1.08	300724.0	1.55
日本	103725.0	7.01	775073.9	10.33	1362776.7	7.04
沙特阿拉伯	2984.4	0.20	44323.6	0.59	162248.5	0.84
新加坡	14207.2	0.96	170088.9	2.27	407709.5	2.11
韩国	25351.5	1.71	357028.0	4.76	836883.6	4.32
泰国	4936.6	0.33	75146.8	1.00	278879.2	1.44
越南	3429.4	0.23	64395.4	0.86	401472.5	2.07
中国台湾	12857.8	0.87	150942.5	2.01	362664.7	1.87
中国香港	120122.8	8.12	1171375.4	15.61	2934255.9	15.16
合计	518765.6	35.06	5748206.9	76.60	14028836.6	72.46

资料来源：国家统计局国家数据库。

　　如表 3 - 8 所示，在 2008 年全球金融危机之后，发达国家或地区在我国出口市场中的份额均呈下降趋势，比如 2009~2015 年间美国、日本、德国在我国出口市场中的份额分别下降为 17.37%、7.04%、3.49%；而新兴市场国家在我国出口市场中的份额开始上升，比如 2009~2015 年间印度在我国出口市场中的份额从 2001~2008 年间的 1.55% 增加到 2.43%，越南在我国出口市场中的份额从 2001~2008 年间的 0.86% 增加到 2.07%。但是总体来看，我国出口仍然集中在发达国家市场，出口的地区结构失衡，对外贸易受发达国家的影响过大。2020 年 1 月 14 日，国务院新闻办就 2019 年全年进出口情况举行的发布会介绍，2019 年我国主要贸易伙伴位次发生变化，东盟取代美国，成为我国第二大贸易伙伴。具体而言，2019 年我国对第一大贸易伙伴欧盟进出口 4.86 万亿元，增长 8%；对东盟进出口 4.43 万亿元，增长 14.1%；对美国进出口 3.73 万亿元，下降 10.7%。此外，2020 年 1 月 14 日海关总署公布的 2019 年我国外贸进出口相关情况中，2019 年我国对"一带一路"沿线国家进出口 9.27 万亿元，增长 10.8%，高出整体增速 7.4 个百分点，占进出口总值近 30%，比 2018 年提升 2 个百分点。① 2014~2019 年，我国与"一带一路"沿线国家贸易值累计超过 44 万亿元，年均增长达到 6.1%，我国已经成为沿线 25 个国家最大的贸易伙伴。特别值得注意的是，2019 年，民营企业对新兴市场开拓力度也不断增强，对东盟、拉美、非洲等新兴市场出口分别增长了 25.6%、11.4% 及 15.6%。2019 年，我国对欧盟出口同比增长 4.9%。其中，我国出口最多的国家是德国，同比增 2.9%；排名第二的是荷兰，同比增 1.5%；增速最快的则是英国，同比增 10.3%；2019 年是美国政府大幅对中国输美商品加征关税的第二年。全年以美元计价，中国对美国出口同比下降 12.5%，进口同比下降 20.9%。美中之间贸易总量减少 14.6%。但以美元计价的全年出口总额排序，美国仍然在第二位；2019 年，以美元计，中国对东盟出口大涨 12.7%。其中，向越南出口最多，同比大涨 16.7%；新加坡排名第二，同比增 11.6%；马来西亚排名第三，同比增 14.9%。值得一提的还有菲律宾，2018 年我国向菲律宾出口同比大涨 16.3%；以美元计内地对香港地区出口同比大减 7.6%；在出口目的地排名中，日本排在第五位，以美元计我国向日本出口同比减少了 2.6%。近年来，随着经济开放步伐的加快，中国对外贸易"朋友圈"已扩展至 230 多个国家或地区。② 在全球产业经济遭受冲击的 2020 年，我国产业链、供应链较快实

---

① 2019 年中国进出口贸易发展现状分析　东盟取代美国成为我国第二大贸易伙伴 [EB/OL]. https：//www.163.com/dy/article/F5OFHC640519811T.html，2020-02-19.

② 2019 全年外贸成绩单公布，12 月出口太漂亮！[EB/OL]. https：//m.sohu.com/a/367485730_99931357，2020-01-17.

现复苏，正成为拉动全球经贸复苏的重要动力之一。世界经济有望复苏带动贸易增长，国内经济恢复平稳增长也给外贸发展提供了有力支撑，但同时我们也要看到，疫情变化和外部环境存在诸多不确定性，我国的外贸发展依然面临困难和挑战。从对外贸易伙伴来看，对主要贸易伙伴进出口保持增长，东盟为我国第一大贸易伙伴。2020 年 10 月 13 日，国务院新闻办公室就 2020 年前三季度我国外贸进出口情况举行新闻发布会上介绍，2020 年前三季度，对东盟、欧盟、美国、日本、韩国进出口分别为 3.38 万亿元、3.23 万亿元、2.82 万亿元、1.61 万亿元、1.45 万亿元，分别增长 7.7%、2.9%、2%、1.4%、1.1%，其中，东盟为我国第一大贸易伙伴，占我国外贸总值的 14.6%。此外，我国对"一带一路"沿线国家进出口 6.75 万亿元，增长 1.5%。2021 年上半年，我国对前三大贸易伙伴东盟、欧盟、美国分别进出口 2.66 万亿、2.52 万亿、2.21 万亿元，分别增长 27.8%、26.7%、34.6%；对日本进出口 1.18 万亿元，增长 14.5%。同期，我国对"一带一路"沿线国家、RCEP 贸易伙伴进出口分别增长 27.5%、22.7%。[①] 相信随着以国内大循环为主体、国内国际双循环相互促进的新发展格局加快形成，高水平对外开放不断推进，新的国际合作和竞争新优势不断形成，2021 年我国外贸进出口规模有望保持增长，外贸高质量发展有望取得新的成效。2021 年 6 月西部证券发布的研报预测表示，2021 年我国在全球出口贸易中的份额，将从近 15% 提升至 16.2%，在出口贸易方面继续维持优势。[②]

根据表 3-9 我国进口市场的份额情况，与出口市场比较我国进口市场的格局相对趋于分散，在加入世界贸易组织之前，日本、美国、韩国和中国台湾是我国主要的进口国家或地区，1998~2002 年间在我国进口市场上的份额分别为 18.68%、11.88%、10.49%、10.04%，20 个重点进口国家或地区在我国进口市场份额合计达到了 80.53%。加入世界贸易组织之后，我国进口规模也迅速扩大，进口市场开始略有分散。在 2003~2008 年间 20 个重点进口国家或地区的进口市场份额合计下降到 71.28%，除韩国外，日本、中国台湾、美国在我国进口市场的份额分别下降到 14.82%、10.64%、7.47%，

① 正还是负？2020 年前三季度外贸进出口走势出炉 ［EB/OL］. https：//www.sohu.com/a/424463035_328178，2020-10-13.

② 中国 2021 年全球出口贸易份额将提高 ［EB/OL］. https：//www.chinairn.com/hyzx/20210629/095026585.shtml，2021-06-29.

而具有资源优势的国家比如澳大利亚、沙特阿拉伯、巴西等在我国进口市场中的份额不断增加，在 2003～2008 年间的进口市场份额分别为 2.61%、1.96%、1.90%。在 2008 年金融危机之后，尽管我国进口市场仍然趋于分散，但随着美国等开始更加重视制造业的发展，一些发达国家在我国进口市场上的份额略有上升，如美国的市场份额从 7.47% 增加为 7.74%，德国的市场份额从 4.97% 增加到 5.21%；而日本和中国台湾等我国传统的进口国家或地区的市场份额持续下降，市场份额分别下降为 9.94%、7.88%。

表 3-9 我国主要进口市场的份额变动

国家或地区	1998～2002 年		2003～2008 年		2009～2015 年	
	均值（万美元）	比重（%）	均值（万美元）	比重（%）	均值（万美元）	比重（%）
美国	224328.9	10.49	561843.3	7.47	1276854.1	7.74
加拿大	31955.3	1.49	84255.4	1.12	212843.1	1.29
澳大利亚	45181.4	2.11	196074.9	2.61	768566.3	4.66
巴西	18146.9	0.85	142704.1	1.90	458811.3	2.78
英国	30805.9	1.44	62793.9	0.83	160405.1	0.97
德国	111906.6	5.23	374038.5	4.97	859196.4	5.21
法国	38594.8	1.80	105010.9	1.40	215824.6	1.31
意大利	32292.1	1.51	81512.3	1.08	160483.1	0.97
西班牙	6518.5	0.30	30076.6	0.40	60252.5	0.37
俄罗斯	59997.2	2.80	164701.8	2.19	351712.7	2.13
印度	14117.6	0.66	111415.1	1.48	176340.0	1.07
印度尼西亚	36620.3	1.71	96205.6	1.28	247926.8	1.50
日本	399622.1	18.68	1115162.6	14.82	1640167.1	9.94
沙特阿拉伯	19650.3	0.92	147679.3	1.96	418156.0	2.53
新加坡	51090.4	2.39	160602.5	2.13	268110.6	1.62
韩国	214810.3	10.04	812994.3	10.81	1600036.3	9.69
泰国	39775.3	1.86	167738.5	2.23	356740.5	2.16

续表

国家或地区	1998~2002 年		2003~2008 年		2009~2015 年	
	均值（万美元）	比重（%）	均值（万美元）	比重（%）	均值（万美元）	比重（%）
越南	7254.9	0.34	27567.0	0.37	151015.9	0.92
中国台湾	254104.5	11.88	800439.4	10.64	1300267.8	7.88
中国香港	86256.2	4.03	119400.0	1.59	137013.5	0.83
合计	1723029.5	80.53	536221.6	71.28	10820723.7	65.57

资料来源：国家统计局国家数据库。

3.2.3 我国国际贸易的商品结构变动

根据表 3-10 中我国出口商品结构的变动情况，我国工业制成品的竞争力在加入世界贸易组织之后显著增加，逐步在出口市场中占据了主导地位，2009~2015 年平均值份额达到 95.06%，而初级产品的出口份额持续下降，从 1998~2002 年的 9.90% 减少至 2009~2015 年的 4.94%。初级产品结构在加入世界贸易组织之后也出现了大幅调整，食品及主要供食用的活动物的出口占比不断下降，矿物燃料、润滑油及有关原料出口额占比的下降幅度在金融危机之后加速扩大。

表 3-10   我国出口商品结构的变动情况

指标	1998~2002 年		2003~2008 年		2009~2015 年	
	均值（万美元）	比重（%）	均值（万美元）	比重（%）	均值（万美元）	比重（%）
出口商品总额	2439074.0	100.00	9022723.5	100.00	19358895.0	100.00
初级产品出口额	241536.0	9.90	527971.7	5.85	956839.5	4.94
食品及主要供食用的活动物出口额	121302.0	4.97	246837.7	2.74	498768.6	2.58
饮料及烟类出口额	8696.0	0.36	12558.3	0.14	24592.1	0.13
非食用原料出口额	40952.0	1.68	77757.3	0.86	133401.2	0.69

续表

指标	1998～2002 年		2003～2008 年		2009～2015 年	
	均值（万美元）	比重（%）	均值（万美元）	比重（%）	均值（万美元）	比重（%）
矿物燃料、润滑油及有关原料出口额	69058.0	2.83	187849.7	2.08	294944.9	1.52
动、植物油脂及蜡出口额	1528.0	0.06	2967.4	0.03	5134.2	0.03
工业制成品出口额	2197538.0	90.10	8490214.7	94.10	18402031.7	95.06
化学品及有关产品出口额	122938.0	5.04	443188.8	4.91	1088118.1	5.62
轻纺产品、橡胶制品、矿冶产品及其制品出口额	410106.0	16.81	1593115.7	17.66	3197818.8	16.52
机械及运输设备出口额	827060.0	33.91	4191639.7	46.46	9149765.0	47.26
杂项制品出口额	834502.0	34.21	2245811.3	24.89	4947422.8	25.56
未分类的其他商品出口额	2934.0	0.12	16459.2	0.18	18905.6	0.10

资料来源：国家统计局国家数据库。

在工业制成品中，加入世界贸易组织之后机械及运输设备综合竞争力提高较快，出口份额明显增加，从 1998～2002 年的 33.91% 增加到 2009～2015 年的 47.26%；轻纺产品、橡胶制品矿冶产品及其制品在我国出口产品中一直都占据重要份额，在 2009～2015 年间占到了出口市场的 16.52%。

从表 3－11 我国进口商品结构来看，随着国内经济的发展，我国资源能源缺口增加，初级产品在进口商品中的份额持续上升，从 1998～2002 年的 17.91% 增加到 2009～2015 年的 32.37%。而在初级产品中，增长幅度最大的就是矿物燃料、润滑油及有关原料，其在进口商品总额中的占比从 1998～2002 年的 6.83% 增加到 2009～2015 年的 15.00%；非食用原料的份额增加也比较多，从 1998～2002 年的 8.26% 增加到 2009～2015 年的 14.49%。加入世界贸易组织后工业制成品在进口商品中的份额下降较多，从 1998～2002 年的 82.09% 减少到 2009～2015 年的 67.63%。技术含量更高的机械及运输设备商品在加入世界贸易组织后下降明显，其在进口商品中的占比从 1998～2002 年的 43.21% 减少到 2009～2015 年的 37.72%，但是在进口商品中的份额仍然明显高于其他商品；在进口商品减少最多的是轻纺产品、橡胶制品、矿冶产品及其制品，其在进口商品总额中的占比从 1998～2002 年的 18.47% 减少到 2009～2015 年的 8.56%。

表 3-11　　　　　　　　　我国进口商品结构的变动情况

指标	1998～2002 年		2003～2008 年		2009～2015 年	
	均值（万美元）	比重（%）	均值（万美元）	比重（%）	均值（万美元）	比重（%）
进口商品总额	2139506.0	100.00	7523476.5	100.00	16504064.0	100.00
初级产品进口额	383096.0	17.91	1883921.2	25.04	5342764.6	32.37
食品及主要供食用的活动物进口额	44758.0	2.09	100078.5	1.33	342086.2	2.07
饮料及烟类进口额	3100.0	0.14	10304.7	0.14	39965.3	0.24
非食用原料进口额	176642.0	8.26	879116.7	11.68	2391090.2	14.49
矿物燃料、润滑油及有关原料进口额	146152.0	6.83	840502.8	11.17	2474861.9	15.00
动、植物油脂及蜡进口额	12446.0	0.58	53918.6	0.72	94762.4	0.57
工业制成品进口额	1756410.0	82.09	5639269.3	74.96	11161299.5	67.63
化学品及有关产品进口额	291082.0	13.61	843284.5	11.21	1681440.8	10.19
轻纺产品、橡胶制品、矿冶产品及其制品进口额	395252.0	18.47	860018.3	11.43	1412180.0	8.56
机械及运输设备进口额	924508.0	43.21	3245631.1	43.14	6224978.3	37.72
杂项制品进口额	131570.0	6.15	667462.5	8.87	1251775.4	7.58
未分类的其他商品进口额	13998.0	0.65	22871.3	0.30	590924.9	3.58

资料来源：国家统计局国家数据库。

2019 年我国的进口商品结构有以下几个特点：

（1）各类中高档食品进口增长明显。根据 2019 年 11 月举办的 2019 中国进口食品行业峰会上发布的《2019 中国进口食品行业报告》中显示，中国进口食品来源地达 185 个，进口食品市场零售规模已超万亿元，水海产品及制品、肉类及制品、乳品进口额纷纷突破百亿美元规模。增长势头目前仍然强劲，2019 年水果、水海产品进口大幅增长，分别达到 39.8% 和 37.6%。肉类更是需求旺盛，全年进口猪肉 210.8 万吨，增加 75%；进口牛肉 165.9 万吨，增加 59.7%。

（2）高科技、创新力强的产品已成为进口格局中的"黑马"。就 2019 年前三季度表现来说，海关总署统计分析司司长李魁文曾表示，中国进口高新技术产品达 3.26 万亿元，增长 14.8%，更好地支持了国内创新发展。放眼全年，在电动载人汽车、消费品方面体现明显。2019 年，电动载人汽车进口增长 1.2 倍，消费品进口增长 19%，其中化妆品进口增幅达到 38.8%。

（3）为民生产品进口提供更多优惠政策。2019 年底，河南郑州药品进口口岸正式获批，此举为河南再添一个功能性口岸，更多进口药品将以更快的时效、更低的价格抵达有需求的患者手中。进口药进医保、部分原料零关税，为大量民生产品的进口打开"绿色通道"。2019 年，人用疫苗进口增长近 90%，医药品进口增长 25.8%。[①]

2021 年上半年，我国机电产品出口比重提升：我国出口机电产品 5.83 万亿元，增长 29.5%，占出口总值的 59.2%，较去年同期提升 0.6 个百分点；其中，出口自动数据处理设备及其零部件、手机、汽车分别增长 17%、23.3%、101.4%。同期，出口劳动密集型产品增长 17.1%，医药材及药品增长 93.6%。同时，铁矿砂、天然气等大宗商品进口量增加：2021 年上半年，我国进口铁矿砂 5.61 亿吨，增加 2.6%；天然气 5981.9 万吨，增加 23.8%；大豆 4895.5 万吨，增加 8.7%；玉米 1530.2 万吨，增加 318.5%；小麦 536.8 万吨，增加 60.1%。同期，进口原油 2.61 亿吨，减少 3%。[②]

---

① 李婕. 中国进出口商品有些啥［N］. 人民日报海外版，2020 - 01 - 21（6）.

② 上半年我国机电产品出口 5.83 万亿元，占出口总值 59.2%［EB/OL］. https：// news. mysteel. com/21/0713/10/U3BCF012795FB1FEB. html，2021 - 07 - 13.

3.2.4 我国国际贸易中服务贸易的发展

虽然中国作为全球大国，拥有庞大的经济体量，但中国经济尚未全方位实现与世界融合。麦肯锡全球研究院的"MGI 连接指数"根据商品、服务、金融、人员和数据流动情况对各个经济体的参与度进行了排名，结果显示，中国 2017 年的连接程度位居全球第九位。2018 年中国的 GDP 约占全球总量的 16%。为了衡量中国与世界的融合程度，我们从 8 个维度分析了中国的经济规模和与世界融合的程度。从经济体量上看，中国已跻身全球大国之列，但仍有进一步与世界融合的空间（见表 3 – 12）。

表 3 – 12　　　　　　　　　　中国的经济规模和与世界融合的程度

项目	中国的经济规模	进一步与世界融合的空间
贸易	中国自 2013 年以来一直是全球第一大贸易国，2017 年占全球商品贸易的 11.4%	中国 2017 年的服务贸易额仅占全球总量的 6.4%
企业	从入围世界 500 强的中国企业数量来看，2011 年，仅有 58 家上榜，这个数字还不到美国的一半。2020 年，中国入围世界 500 强企业达到 133 家，在数量上超过美国，成为世界第一。2021 年，继续领跑，达到 143 家	但这些企业的收入仍然主要来自国内市场（海外营收仅占 18%，而标普 500 企业的平均比例为 44%）
资本	中国拥有庞大的金融系统（全球第一大银行系统、第二大股票市场、第三大债券市场）	但跨境流动（美国的流动规模是中国的 3~4 倍）和外资参与度相对有限（银行、股票和债券市场外资占比不足 6%）
人员	中国是全世界最大的留学生（在 2017 年高等教育阶段国际学生中占比 17%）和出境游客（出境游 2018 年达到 1.5 亿人次，居全球之首）来源地	但人员流动的地理区域仍然较为集中（约 60% 的留学生前往美国、澳大利亚和英国），移民中国的外国人仅占全球移民总数的 0.2%
技术	中国投入巨资开展研发（2018 年以 2930 亿美元的研发支出位居全球第二）	但仍然需要进口技术（仅 3 个国家就为中国贡献了一半的技术进口）和进口知识产权（中国的知识产权进口额是出口额的 6 倍）

续表

项目	中国的经济规模	进一步与世界融合的空间
数据	中国拥有全球最大的网民群体（规模超过 8 亿人），产生了海量数据	但跨境数据流动的规模很有限（位居全球第 8 位，仅为美国数据流动的 20%）
环境影响	中国在可再生能源方面的投资占全球的近一半	但依然是全球最大的碳排放源（占全球年总排放量的 28%）
文化	中国正在大举投资提升全球文化影响力（2017 年，全球票房排名前 50 的电影有 12% 在中国拍摄了内容，而 2020 年仅为 2%）	但文化影响力仍然有限（电视剧出口额仅为韩国的 1/3）

资料来源：麦肯锡全球研究院。

中国在 2009 年成为了全球最大的商品出口国，2013 年又成为全球最大的商品贸易国，在全球商品贸易总额中的占比从 2000 年的 1.9% 增长到 2017 年的 11.4%。我们分析了 186 个国家或地区，其中 33 个国家的第一大出口目的地是中国，65 个国家的第一大进口来源地是中国。但不同地区和行业对中国的贸易依存度差异较大。中国对某些地区（尤其是邻国）和行业的影响偏高，尤其是那些技术产业链实现了全球整合的地区，以及将中国视作关键市场的资源出口行业。2017 年，中国以 2270 亿美元的出口额成为全球第五大服务出口国，相当于 2005 年的 3 倍；同年，中国的服务进口额高达 4680 亿美元，跃居全球第二大服务进口国。不过，中国在服务贸易领域的全球份额尚不及商品贸易——2017 年，中国在全球服务贸易总量中的占比为 6.4%，约为商品贸易占比的一半。从全球来看，服务贸易比商品贸易的增速快 60%。[①]

根据中国商务部各年数据，2010～2019 年，全球范围内的中国企业总数从 10167 家增长到 37164 家，大约保持着 16% 的年增速。2019 年，《财富》世界 500 强上榜企业中有 129 家来自中国，首次在上榜数量上超越美国。值得注意的是，中国还是全世界第二大外商直接投资来源国，也是第二大外商直接投资目的地。国家统计局数据显示，中国 2019 年全年外商直接投资（不含银行、证券、保险领域）新设立企业 40888 家，比上年下降 32.5%。实际

---

① 麦肯锡中国报告 ［EB/OL］. https：//new. qq. com/omn/20210311/20210311A0C9CL00. html，2021 – 03 – 11.

使用外商直接投资金额 9415 亿元，增长 5.8%，折后 1381 亿美元，增长 2.4%。麦肯锡全球研究院在 2018 年的一项研究显示，2014～2016 年，经济利润排名全球前 1% 的企业当中有 10% 是中国企业，而 1995～1997 年这一比例尚不足 1%。① 虽然这些企业在中国境外的营收有所增长，但即使是其中的一些全球性企业，其境外营收的比例仍不足 20%。相比之下，标普 500 企业的平均境外营收比例则高达 44%。另外，2018 年度全球最具价值品牌 100 强中仅有一家中国企业。

　　2015～2017 年，中国是全世界第二大外商直接投资来源国，也是第二大外商直接投资目的地。然而中国距离金融体系全球化仍有相当长的一段路要走。2018 年，外资在中国银行系统中的占比仅为 2% 左右，在债券市场中为 2%，在股票市场中约为 6%。另外，中国 2017 年的资本流动输入和输出总额（包括外商直接投资、贷款、债券、股权和准备金）仅相当于美国的 30% 左右。2020 年 9 月 16 日，商务部等部门联合发布了《2019 年度中国对外直接投资统计公报》。数据显示，得益于中国经济持续转型发展，中国对外直接投资近年来实现了快速增长。2019 年，中国对外直接投资流量蝉联全球第二，存量保持全球第三。商务部 2021 年 1 月发布的数据表明：2020 年以美元计算的外商直接投资（不包括银行、证券和保险等金融机构）增长到 1443.7 亿美元，这是自 1983 年有记录以来的最高水平。尽管受到新冠肺炎疫情的干扰，但中国的外商直接投资仍创下 5 年来最快增速，创历史新高。这一数字较 2019 年增长 4.5%，为连续第四年增长。以人民币计算，2020 年外商直接投资达到 9999.8 亿元，这也是继 2019 年增长 6.2% 之后的最高水平。近几年来，中国一直在加大对境外投资者的吸引力度。2020 年，增加 127 个允许外商投资的行业领域，主要集中在中西部和东北地区。② 联合国贸易和发展会议（UNCTAD）2021 年 1 月 24 日发布的《全球投资趋势监测》报告显示，2020 年中国吸引外商直接投资（FDI）为 1630 亿美元，超过美国的 1340 亿美元，也就是说，中国在 2020 年已经超越美国成为世界上第一大

---

① 中国经济存在进一步与世界融合的空间 ［EB/OL］. https：//www. sohu. com/a/458785163_355011，2021－04－03.

② 2020 年中国外商直接投资创历史新高 ［EB/OL］. https：//xw. qq. com/partner/vivoscreen/20210125A0EQ1I00，2021－01－25.

外商直接投资国。①

中国与世界之间的人员流动（即留学生和游客的流动）正在快速增长。中国现已成为全球第一大留学生和游客来源地（留学生总计 60.84 万人，为 2000 年的 16 倍；2018 年中国出境游达到近 1.5 亿人次，为 2000 年的 14 倍）。根据中国旅游研究院 2020 年 11 月发布的《2020 中国出境旅游发展报告》中显示，2019 年中国出境旅游保持平稳发展体现在发展速度上，也体现在目的地结构和客源地结构上。2019 年，我国的出境旅游市场仍然保持了增长态势，规模达到 1.55 亿人次，相比 2018 年同比增长了 3.3%。2019 年，中国出境旅游市场的增长速度放缓。2019 年，我国出境游客境外消费超过 1338 亿美元，增速超过 2%。在新冠肺炎疫情冲击下，2020 年的出境旅游发展基本停滞。相比之下，2017 年来华留学和旅游的人数分别仅占全球留学生总数的 3% 和全球出境游人次的 4%。中国学生海外留学目的地一直高度集中，仅澳大利亚、英国和美国三国就吸引了约 60% 的中国留学生。2017 年，约一半的中国出境游客的目的地在港澳台地区，另有 29% 的游客会前往亚洲其他地方。移民流动的规模一直很小。1990~2017 年间，移民海外的中国人约占全球移民总数的 2.8%，移民到中国的外国人约占全球移民总数的 0.2%。

近年来，中国的研发开支大幅增长。国内研发开支从 2000 年的 90 亿美元增长到 2018 年的 2930 亿美元，位居世界第二，仅次于美国。但在一些核心技术上中国仍需要进口，例如半导体和光学设备。此外中国也需要海外知识产权的引进。国家统计局、科学技术部和财政部 2018 年 11 月 9 日联合发布的《2017 年全国科技经费投入统计公报》显示，2017 年我国研究与试验发展（R&D）经费投入强度（R&D 经费与 GDP 的比值）再创历史新高，达到 2.13%，较 2016 年提高 0.02 个百分点。2017 年中国的知识产权进口额为 290 亿美元，而知识产权出口额仅为 50 亿美元左右（为进口额的 17%）。与中国签订技术进口合同的国家的地域集中度非常高，逾一半的海外研发采购金额集中流向三个国家，分别为美国（31%）、日本（21%）、德国（10%）。2020 年 9 月世界知识产权组织发布的《2020 年全球创新指数》显示，新冠肺炎疫情对全球长期创新增长产生了严重的影响，但同时也激发了在卫生、

---

① 2021 年中国科技创新 20 条判断：大变局中，万物生长 [EB/OL]. http：//www.360doc.com/content/21/0428/16/73293327_974587843.shtml，2021 - 04 - 28.

教育、数字经济等领域的创造力。中国、印度、菲律宾和越南等亚洲经济体的创新能力逐年显著提升，世界创新核心区域也随之逐渐东移。根据报告，中国继续保持 2019 年的好成绩，位列 14 名，中国同时也是前 30 名中唯一一个中等收入的经济体。同时，中国已经确立了作为创新领先者的地位，在专利、商标、工业品外观设计申请量和创意产品出口等重要指标上均名列前茅。

中国拥有超过 8 亿互联网用户，规模全球居首，虽然近年来跨境数据流有所增长，但总体规模依然有限。中国的宽带数据流动总量位居全球第八，仅为美国的 20%，考虑到中国庞大的数字经济体量，这个流动规模可谓偏小。根据中国互联网络信息中心（CNNIC）2020 年 4 月 28 日发布第 45 次《中国互联网络发展状况统计报告》，截至 2020 年 3 月，我国互联网用户规模为 9.04 亿，互联网普及率达 64.5%，庞大的互联网用户构成了中国蓬勃发展的消费市场，也为数字经济发展打下了坚实的用户基础。2021 年 3 月工业和信息化部发布的数据显示，截至 2020 年底，我国固定宽带家庭普及率已达到 96%，移动宽带用户普及率达到 108%。全球移动运营商在技术发展、用户需求的推动下，不断升级移动网络，提升宽带的移动性，移动宽带网络得到长足发展。

自 2006 年以来，中国一直是全球第一大碳排放国，如今已占到全球年排放总量的 28%（虽然温室气体排放的比例已下降很多）。2020 年 5 月生态环境部发布《2019 年全国生态环境质量简况》中显示，2019 年全国生态环境质量总体改善，环境空气质量改善成果进一步巩固，全国 337 个地级及以上城市 PM2.5 浓度为 36 微克/立方米，平均优良天数比例 82.0%。中国一直在大力投资开发可再生能源，2017 年在这一领域共计投入了约 1270 亿美元，占全球投资总额的 45%，相当于美国或欧洲（均为 410 亿美元）的 3 倍。早在 2016 年，中国清洁能源投资增长了 24%，成为全球最大的可再生能源市场。中国之所以努力降低碳排放强度，不仅仅是为了履行签署《巴黎协定》时的承诺，即在 2005~2020 年间将碳排放强度减少 40%~45%（该目标已于 2017 年底达成），也是为了解决国内的各项问题（包括空气质量问题）。

我们从贸易、资本和技术方面审视了中国与世界在经济上的相互依存度之后发现：中国对世界经济的依存度在相对下降，世界对中国经济的依存度却在相对上升。我们选取了贸易、技术和资本三个重点维度，对中国与世界在经济上的相互依存度进行了分析。2000~2017 年间，世界对中国经济的依存度在这三方面均有所提升，而中国对世界经济的依存度却有所降低。麦肯锡全球研究院最新编制了"中国 – 世界经济依存度指数",旨在通过与其他大型经济体的横向比较来衡量这些经济流动对于中国和全球经济体的相对重要性。研究显示,2000 ~ 2017 年间,世界对中国经济的综合依存度指数从0.4 逐步增长到 1.2,而中国对世界经济的依存度指数则在 2007 年达到 0.9的最高点,到 2017 年则下降到 0.6。

中国对世界的依存度下降,在一定程度上反映了中国经济的重点已逐步转回国内消费市场。2015 年以来的 16 个季度中,有 11 个季度中国国内消费占 GDP 增长总额的比例超过 60%。2017 ~ 2018 年间,中国约有 76% 的 GDP增长来自国内消费,而净贸易额对 GDP 增长的贡献实际为负。在 2008 年,中国的净贸易顺差还占到 GDP 的 8%,但到 2018 年这一比例已降至 1.3% 左右,低于德国或韩国(这两个国家的净贸易顺差占 GDP 的 5% ~ 8%)。[①] 中国内需的增长以及国内价值链的发展也在一定程度上解释了全球范围内贸易强度的下降,中国正在消费更多其生产的产品。这些显著变化不但左右了中国经济的发展重点,也改变了中国与世界经济彼此依存的态势(见图 3 – 5)。

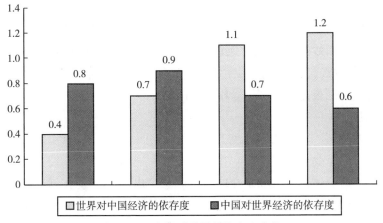

图 3 – 5　中国对世界的依存度变化

注:七大经济体的加权平均依存度 = 1.0
资料来源:麦肯锡全球研究院。

---

① 2019 年中国经济发展报告 [EB/OL]. https://www.sohu.com/a/377023581_488166,2020 – 02 – 28.

　　中国对世界经济依存度的下降也反映了一个现实：相比发达经济体，中国经济的开放度仍有提高的空间。在贸易方面，根据联合国贸易和发展会议（UNCTAD）的贸易数据库（Unctad Trade Database）统计，自从加入世界贸易组织以来，中国的平均关税税率已从 2000 年的 16% 降至 2009 年的约 9%。经国务院批准《2011 年关税实施方案》自 2011 年 1 月 1 日起实施。《2011 年关税实施方案》包括进口关税调整、出口关税调整、税则税目调整三个方面。调整后，2011 年的关税总水平为 9.8%，其中农产品平均税率为 15.2%，工业品平均税率为 8.9%。税目总数由 2010 年的 7923 个增至 7977 个，实施暂定税率的商品共计 637 项。① 但 2017 年的平均税率却上升到了 10.6%（需要注意的是，税率水平在 2018 年宣布新一轮关税下调后或将再一次降至 7.5%）。根据 2021 年 5 月美国彼得森国际经济研究所的数据，2021 年初美国对中国商品征收平均关税税率为 19.3%，中国对美国产品征收的关税税率为 20.7%。2021 年初美国对中国商品征收的贸易加权平均税率为 19.3%，而中国对美国产品征收的税率约为 20.7%，而在 2018 年初中美贸易争端之前，美国对中国商品征收的税率平均为 3.1%，而中国对美国商品征收的税率约为 8%。相比之下，美国和欧盟 2017 年的平均关税仅为 3% ~ 4% 左右。② 此外，资本方面的壁垒始终存在。虽然经济合作与发展组织"服务业外商直接投资监管限制指数"为中国评定的指数已经从 0.74 下降到了 0.39，但仍然远高于 0.08 的经济合作与发展组织的平均水平。在此需要指出：该指数可能并未考虑到中国最近为减少监管限制而采取的一系列措施，例如推行"负面清单"制度。

　　世界对中国经济的依存度上升，充分表明中国作为消费市场、供应方和资本提供方的重要性日益凸显。中国拥有世界上规模最大、门类最全、配套最完备的制造业体系，贡献了全球制造业总产出的 35%。在新冠肺炎疫情全球肆虐的时候，较为完备的产业链、供应链在很大程度上意味着生产能得到有效保障。中国经济在疫情下的快速恢复就得益于完备的产业链赋予了中国经济独特的韧性以及强大的自我修复能力。而对于许多亚洲国家来说，产业

---

① 自 2000 年至今中国关税改革中税率变化的主要历程并找出几种税率变化较大的产品，研究其引起的贸易额的变化 [EB/OL]. https：//wenda. so. com/q/1530263450215972，2013 - 12 - 07.

② 2021 年初美国对中国商品征收平均关税税率为 19.3%，中国对美国产品征收的关税税率为 20.7% [EB/OL]. http：//www. qqjjsj. com/show69a207927，2021 - 05 - 19.

链相对来说并不完备，对外部经济的依存度相对较高。比较亚洲各国商品贸易对外依存度（商品贸易占 GDP 比重），可以发现，中国对外依存度相对较低，从 2007 年开始持续下滑，2019 年对外依存度仅为 31.71%；而亚洲其他国家的对外依存度普遍相对较高，尤其是新加坡、马来西亚、泰国等东南亚国家商品贸易占 GDP 的比重已经超过 100%。疫情之下，大部分国家都采取了边境隔离措施，货物运输受阻，对于商品贸易对外依存度较高的国家来说，产业链更容易受到冲击。根据世界银行的世界发展指标，尽管目前中国在全球家庭消费中的占比仅为 10%，但在 2010～2017 年间，中国贡献了 31% 的全球家庭消费增长额。另外，在汽车、酒类、奢侈品、手机等许多品类中，中国都是全球第一大市场，约占全球消费总额的 30%（甚至更高）。2018 年投资在我国 GDP 中的占比高达 43%，远高于 24% 的全球平均水平和 21% 的发达国家平均水平；同时，我国家庭消费占比仅为 39%，比全球平均水平低 20 个百分点。① 我们注意到，中国在 2015～2017 年间是全球第二大外商直接投资的来源地和目的地。但我们对 73 个经济体和 20 个行业的分析显示，不同地区和行业对中国经济的依存度存在较大差异。根据世界银行和亚洲开发银行的分析，全球经贸网络包括三个子网络：以德国为中心的欧洲经贸网络、以美国为中心的北美经贸网络和以中国为中心的亚太经贸网络。其中，以中国为中心的亚太经贸网络发展最快。② 在全球经济依然受到疫情冲击的情况下，2020 年三季度我国出口增速加快，外资对中国的投资力度也在加大，我国在全球经贸网络中的地位不断提升，对外开放已经成为我国经济发展的重要支柱。中共十九届五中全会公报强调，要通过推动贸易和投资自由化便利化，推进贸易创新发展，进而实现高水平对外开放和开拓合作共赢的新局面。

如图 3-6 中，地理位置邻近中国、资源贸易占比较高，并且参与跨境资本流动的国家对中国经济的依存度最高。我们从国家层面研究了各个经济体对中国的进口（国内产值出口到中国的比例）、出口（来自中国的进口额占国内消费总额的比例）和资本（来自中国的外商直接投资占国内投资总额的比例）的依存度。自 2007 年以来，在我们研究的 73 个经济体中，有 69 个经

---

① 优化经济和金融结构推动实现 2035 年远景目标 [EB/OL]. https：//baijiahao. baidu. com/s? id = 1684959217058057024，2020 - 12 - 02.

② 全球供应链图解：对中国影响几何 [EB/OL]. http：//www. 360doc. com/content/20/0414/08/62725930_905820094. shtml，2020 - 04 - 14.

济体的国内产值相对于中国的进口的依存度上升；有72个经济体的国内消费相对于中国出口的依存度上升；还有58个经济体的国内投资相对于中国资本的依存度上升。

地理位置邻近中国、资源贸易占比较高，并且参与跨境资本流动的国家对中国经济的依存度最高

依存度　最低　　　　　　　最高

类型	国家和地区	对华出口占国内产值比例（%）		对华出口占国内消费比例（%）		来自中国的外商直接投资占国内总投资额比例（%）	
		2003~2007年	2013~2017年	2003~2007年	2013~2017年	2003~2007年	2013~2017年
地理位置依存度	韩国	8	11	4	6	<1	<1
	马来西亚	8	11	5	11	<1	6
	菲律宾	12	8	6	14	6	
	新加坡	10	11	12	18	2	5
	越南	3	11	6	13	3	1
资源依存度	澳大利亚	4	16	3	7	<1	3
	智利	5	13	3	10	<1	<1
	哥斯达黎加	9	9	2	5	3	<1
	加纳	<1	8	5	18	4	
	南非	2	15	2	5	2	3
资本依存度	埃及	<1	<1	3	5	1	13
	巴基斯坦	<1	1	3	7	2	8
	秘鲁	4	7	1	5	2	6
	葡萄牙	<1	2	<1	3	2	3
发达经济体	美国	<1	2	3	6	<1	<1
	德国	2	4	2	3	<1	<1
	日本	4	5	3	5	<1	
	英国	<1	2	2	2	<1	

图 3-6　世界对中国经济的依存度上升

资料来源：麦肯锡全球研究院。

亚洲经济体与中国的联系因区域供应链而愈加紧密。亚洲国家对中国经济的依存度一直在上升，尤其是那些对华出口比重较大的国家。博鳌亚洲论坛2019年年会发布的《亚洲经济一体化进程2019年度报告》中指出，亚洲进口情况转向快速增长。2018年前8个月，亚洲绝大多数重要经济体进口均取得两位数以上的增长，并超过13.4%的全球平均增长率。进口增长最快的是印度尼西亚和中国。亚洲经济整体上对自身的依存度大幅提升。一些亚洲发展中经济体出口中的国内增加值增长迅速，出口对于国内就业的拉动作用

更加明显。2010 年日本对中国、菲律宾和泰国制造业出口贡献的增加值最多；到 2017 年日本创造的增加值仅在泰国制造业出口中排第一，而整体上中国取代了日本的地位。2017 年，中国的增加值在几乎所有其他亚洲国家或地区制造业出口中所占的比率位居第一位。中国对各国出口贡献的增加值最多，这一变化从另一个方面说明中国是亚洲制造业生产网络的中心。这些国家往往通过全球价值链与中国建立了紧密的联系，对华贸易在国内产值中占比很高。例如新加坡的对华贸易额（包括进口和出口）几乎占到了国内产值的 30%。全球价值链呈现出区域化属性加强、全球化属性减弱的态势，2013 ~ 2017 年间，区域间贸易在全球商品贸易总额中的占比增加了 2.7 个百分点。这种情况在亚洲尤为显著，例如马来西亚、新加坡、菲律宾这三个国家的最大贸易伙伴都是中国。其中一些经济体对中国资本的依存度也同样明显。举例而言，2013 ~ 2017 年间，马来西亚从中国获得的外商直接投资相当于其国内投资总额的 6%，在新加坡则为 5%。

资源丰富的国家更依赖中国的需求。对外出口自然资源的国家显著依赖中国的需求。以南非为例，对华出口目前已占到其国内总产值的 15%，而 2003 ~ 2007 年间这一比率仅为 2%。与之相似，对华出口目前已占到澳大利亚总产值的 16%，先前这一比率仅为 4%。仅铁矿石出口一项就占到了澳大利亚对华总出口的 48%（矿产和金属共计占到出口总额的 84%），澳大利亚采掘业 21% 的产出都流向了中国。[①]

一些新兴经济体和体量较小的成熟经济体也高度依赖中国的投资。例如，2013 ~ 2017 年间，埃及从中国获得的外商直接投资相当于其国内投资总额的 13%，巴基斯坦则为 8%。中国不只是非洲最大的贸易伙伴，也是其最大的基础设施融资来源和第三大国外援助来源。2021 年 9 月 3 商务部副部长钱克明在国新办发布会上介绍第二届中国－非洲经贸博览会有关情况中表示，20 年来，中非贸易额增长了 20 倍，增速领跑非洲主要的贸易伙伴国。中国已经连续 12 年稳居非洲第一大贸易伙伴国的地位，中非贸易额占非洲整体外贸总额比重连年上升，2020 年已经超过了 21%。截至 2020 年底，中国各类在非企业超过 3800 家，直接投资存量 474 亿美元，有力地帮助非方提升了工业化

---

① 王曼．《中国与世界：理解变化中的经济联系》报告称：全球其他经济体受益于中国改革开放 [N]．中国贸易报，2019 – 07 – 09（3）．

水平和出口创汇能力，带动了当地就业。中国企业利用各类资金帮助非洲国家实施大量的基础设施项目，已经建成和在建项目显著改善了非洲设施联通状况，包括新增和升级铁路超过 1 万公里，公路近 10 万公里，桥梁近千座，港口近百个，输变电线路 6.6 万公里，电力装机容量 1.2 亿千瓦，通信骨干网 15 万公里，网络服务覆盖能力近 7 亿用户终端，中国企业累计为非方创造的就业岗位已经超过 450 万个。来自中国的外商直接投资有很大一部分流入了非洲的房地产、能源以及交通基础设施领域。从 2000 年中非合作论坛成立开始就已经成为中非开展集体对话的一个非常重要平台，同时也是中非开展务实合作的有效机制。①

相比之下，大型发达经济体对中国经济的依存度较低。从国内经济体量的角度考虑，发达经济体（尤其是西欧和北美各国）在贸易和投资方面对中国的依存度相对较低。对华出口额通常在其总产出中占比不足 5%，对华进口额在其国内消费中的占比也不足 5%。另外，来自中国的外商直接投资占其国内投资的比例更低于 1%。

不同行业对中国的依存度各不相同。我们择取了 20 个基础产业和制造业，综合分析了全球各国对中国消费、生产和进出口的依存度。需要指出的是，此次研究主要涵盖的是基础产业和制造业，而非服务业，这是因为基础产业和制造业的贸易属性更强，可用数据更多。我们发现，由于中国的经济体量极为庞大，几乎所有行业都在一定程度上依存于中国：在 20 个行业当中，中国有 17 个行业的消费份额在全球总消费中占比超过 20%。此外，中国在全球服务消费中的占比也在上升。这说明对于寻找增长来源的企业而言，中国市场的机会不容忽视。

我们根据贸易依存度的不同，将行业归纳为 5 个类别：中国在电子、机械和设备领域已经全面融入全球价值链。在这些深度整合的贸易领域当中，中国的角色既是供应方，也是市场。总体上，这些领域的贸易属性通常很强。中国在这些领域的高占比反映出中国已经高度融入全球贸易——中国占全球出口总额的 17%～28%，占全球进口总额的 9%～16%。中国在这些领域的

---

① 姜雪颖. 中国连续 12 年稳居非洲第一大贸易伙伴国　为非提供超 450 万就业岗位［EB/OL］. https：//www. 360kuai. com/pc/918495a0460f1fc64？cota = 3&kuai_so = 1&sign = 360_57c3bbd1&refer_scene = so_1，2021 – 09 – 03.

产出占比也很可观，全球份额高达 38% ~ 42%。

2020 年，中国作为世界第二大经济体，在疫情冲击中的复苏速度令全世界感到惊讶，尤其是在国际关系紧张之际。国家统计局 2021 年 4 月 16 日公布，2021 年一季度中国国内生产总值 249310 亿元，按可比价格计算，同比增长 18.3%，比 2020 年四季度环比增长 0.6%。2021 年 4 月 6 日，国际货币基金组织（IMF）发布《世界经济展望报告》，预计 2021 年中国经济将增长 8.4%，较 1 月份预测值上调 0.3 个百分点。世界银行发布的 2021 年 4 月期《东亚与太平洋地区经济半年报》预测，随着全球经济逐步回暖，中国经济在 2021 年增长将更加强劲，预计将实现 8.1% 的增长。路透社关注到春节后中国企业加速生产，推动中国制造业明显回升。作为宏观经济的先行指标，中国 2021 年 3 月官方制造业采购经理指数（PMI）超预期升至 51.9，为 3 个月最高位，表明经济恢复的动力在增强。法新社指出，中国 2021 年 3 月份工业生产者出厂价格指数（PPI）超过预期，同比增长 4.4%，创下了 2018 年 7 月以来的最高水平，同时报道称，这主要得益于"大宗商品价格上涨和中国经济从疫情中复苏"。2020 年 12 月 26 日，英国智库经济与商业研究中心预测：中国将在 2028 年超过美国成为世界最大经济体，比此前估计的时间提前五年。2021 年 4 月亚洲开发银行发布《2021 年亚洲发展展望》报告中预计中国 2021 年 GDP 将增长 8.1%。另据联合国贸易和发展会议发布的报告，2020 年中国在全球货物出口总额中占比 14.7%，达全球最高。[①]

中国的工业化不断取得进展，1990 年，我国制造业占全球比重为 2.7%，居世界第九；2000 年上升至 6.0%，位居世界第四；2007 年达到 13.2%，居世界第二；2010 年占比进一步提高到 19.8%，跃居世界第一，自此已经连续了 11 年。目前中国占据了全球制造业产出的 28%，领先美国 10 个百分点以上，从 2010 年开始中国就超越美国成为拥有世界上最大的制造业的国家。目前中国、美国和日本合计占全球制造业产出的 52%。2021 年 3 月 1 日举行的国新办发布会上，工信部发布数据显示，2020 年我国工业增加值达到 31.31 万亿元，工业运行平稳，连续 11 年位居世界第一制造业大国，制造业对世界

---

① 2021 中国科技创新 20 条判断：大变局中，万物生长［EB/OL］. http://www.360doc.com/content/21/0428/16/73293327_974587843.shtml，2021 - 04 - 28.

制造业贡献的比重接近 30%。改革开放 40 多年，工业增加值翻了近 200 倍。① 全球上游产业对中国的依存度均有所提高。那些为进一步加工提供原材料的行业都要依赖中国的进口。中国制造业的增长大幅提升了对原材料和中间品（用于加工成最终商品）的需求，人均收入的增长也推升了中国的整体商品需求。

如图 3-7 所示，在另一些全球贸易属性较强的行业中，中国并不是主要参与者。在一些着重于服务快速增长的本地需求且有本地成分要求的行业，因此尽管这些行业的贸易强度很高，但并不太依赖中国。以制药行业为例，

技术、劳动密集型商品何资源价值链对中国的贸易依存度

依存度　最低 ▢▢▢▢▢ 最高

类型	行业名称	贸易强度	中国占全球出口总额的比例（%）2003~2007年	2013~2017年	中国占全球进口总额的比例（%）2003~2007年	2013~2017年
高度整合	计算机、电子和光学产品		15	28	12	16
	电器设备		16	27	7	9
	其他机械和设备		7	17	8	9
高度依存于中国的出口	纺织、服装和皮革		26	40	5	5
	家具、安全、消防等		17	26	2	4
	其他非金属矿产		11	22	5	8
	橡胶和塑料		10	19	5	7
	基础金属		8	13	8	8
高度依存于中国的进口	采掘业		1	1	7	21
	化工		4	9	9	12
	纸和纸制品		3	9	6	12
对中国的贸易依存度很小的全球价值链	其他运输设备		3	6	3	5
	制药		2	4	1	3
	机动车及拖车		1	3	2	7
	焦炭和成品油		2	4	4	6
自产自销	食品、饮料和烟草		3	4	3	6
	金属制品		14	23	3	5
	木材及木制品		11	22	2	3
	印刷和媒体		8	18	2	4
	农业、林业和渔业		5	5	7	19

图 3-7　全球各主要行业对中国的依存度

注：1. 包括政府和民间消费。2. 2003~2007 年，高贸易依存度可做如下两种定义：既可以是中国在全球进口或者出口中的占比达到两位数，也可以说贸易依存度增幅超过 10 个百分点。

资料来源：麦肯锡全球研究院。

---

① 张圣琪. 中国连续 11 年位居世界第一制造业大国 ［EB/OL］. https：//www. chinanews. com/cj/2021/03-01/9421917. shtml，2021-03-01.

中国的贸易额仅占全球药品出口的 4%，全球进口的 3%。同样，虽然汽车领域的贸易强度较高，但中国的贸易额仅占全球出口的 3%、全球进口的 7%。不过，这些行业在中国都有相当庞大的需求，因此对于想要涉足这些行业的企业来说，中国是一个不容错过的市场。

加入全球贸易的行业对中国的依存度往往较低。我们把 5 个贸易强度占总产出的比例较低的行业归为"本地自产自销"的一类。尽管贸易强度相对较低，但中国仍在其中一些行业占据了很大份额。举例而言，中国的金属制造行业占据了全球出口的 23%，农产品行业则占据了全球进口的 18%。

中国已融入全球技术价值链。2019 年 7 月麦肯锡全球研究院发布《中国与世界——理解变化中的经济联系》报告，指出中国近年来的技术创新势头迅猛，已经成为数字经济和人工智能技术领域的全球大国，并在很多技术领域成为全球第一大消费国，中国已经融入了全球技术价值链。根据工信部 2017 年的统计数据，中国的手机销量占到全球销量的 40%，电动车销量占到 64%，半导体消费占到 46%。中国市场已经为很多高科技企业提供了重要的增长机遇。根据 2020 年 3 月"摩根士丹利资本国际指数"（MSCI）的统计，美国信息技术领域有 14% 的营收来自中国。技术链是最复杂的价值链之一，尤其需要各方通力协作，而中国早已深度融入其中，并占据了相当大的全球进出口份额。以集成电路和光学设备领域为例，中国的进口额高达国内产值的 5 倍。

在数字化、自动化和人工智能技术逐渐普及的时代，持续创新已成为中国经济发展的核心动力。在审视中国与世界的经济联系如何演变时，技术可谓是一个核心关注点。由于中国目前仍然需要国外的技术流动，所以为了促进本土创新并提高生产率，中国需要保持甚至加强获取技术的力度。全球各国也对中国科技的迅猛发展越发关注，发达经济体尤其如此。一些国家出台了新的法规，对获取外国技术的中国投资展开更密切的审查。人们都在密切关注中国的技术链是否会脱离全球价值链，以及中国政府针对技术领域本土化所提出的目标。根据 2017 年 5 月国务院发布的《中国制造 2025》计划设定的目标，在政府重点发展的 23 个子领域中的 11 个领域，中国本土企业的市场份额的期望值为 40% ~90%。

中国在各个行业都在发展本土价值链。从很多方面来看，中国的技术市场似乎都呈现出本地化的趋势，只是不同行业程度各异。在光伏面板、高铁、数字支付系统和电动汽车这些行业，中国企业在本土市场占据的份额超过90％。而在半导体和飞机制造等行业中，中国企业在国内和国际市场占据的份额都很小，而且高度依赖外国技术。对此次研究的大多数价值链而言，中国仍有很大的全球化潜力。

为了衡量中国与世界在技术链上的融合程度，作者从11个领域择取了81项技术进行研究。如图3-8所示，中国对其中超过90％的技术均采用了全球标准。至于中国标准与全球标准相左的少数几项技术领域，都可以用经

中国几乎大部分技术行业均与全球标准整合，但各个价值链的本地化程度存在差异

0~20　　　　80~100

行业/领域		评估的技术	采用全球标准的比例	拥有国内供应商的比例	中国供应商可以在技术上提供优于全球领导者或可以与之媲美的比例
基础材料	● 采矿	7			
	● 钢铁				
化工	● 油气	12			
	● 日用化工及特殊化工				
	● 纺织				
电子原件	● 显示器	8			
	● 集成电路				
电动汽车	● 纯电动汽车	7			
	● 插电式混合动力汽车				
交通运输	● 高铁	10			
	● 航运				
消费电子产品和互联网	● 消费电子产品	11			
	● 数字支付				
	● 无人机				
设备	● 手术机器人	4			
	● 工业机器人				
制药 和 生物科技	● 小分子药物	6			
	● 生物分子药物				
人工智能	● 语音识别	5			
	● 人脸识别				
	● 无人驾驶				
下一代技术	● 量子技术	8			
	● 5G				
	● 太空				
基因组学	● 基因分裂	3			
	● 基因测序				
	● 基因编辑				
总计		81	>90%	60%~80%	40%~60%

图3-8　中国与世界在技术链上的融合程度

注：本图中所估算的"采用全球标准比例"是通过择取不同行业中的关键技术，并评估中国是否使用了相同的、海外所普遍采用的技术标准及流程；本图中所估算的"拥有国内提供商的比例"是分析了各个关键技术中，中国企业是否在全球供应商中占有一席之地；本图中所估算的"优于全球领导者或可以与之媲美的比例"是指中国供应商是否能提供比国际供应商更出色或相当的技术。

资料来源：麦肯锡全球研究院。

济动因加以解释。以聚氯乙烯（PVC）制造业为例，中国采用的煤基工艺在成本上低于国际上更普遍的乙烯基工艺，这是因为中国拥有丰富的煤炭储量。我们在分析中发现，中国的本土厂商有能力生产 60% ~ 80% 的技术，这意味着仍然有至少 20% ~ 40% 的技术需要跨国企业输入。此外，我们对同类标准进行分析后发现，中国供应商可以在 40% ~ 60% 的技术研究中实现与国际供应商同等或更好的效果。在一些尚未确立全球标准的新兴技术领域（例如5G、人工智能和量子计算），中国已经取得了一些进展。但即便在这些领域，中国也从设备进口、人才引进和国外投资中获益良多，而且今后还将继续使用这些资源。

全球各国的经验均表明，一个国家若想向技术链的上游挺进，必须具备四大要素：第一，大规模投入资金；第二，拥有获取技术和知识的渠道；第三，进入庞大的市场；第四，推行鼓励竞争和创新的有效制度。日本（汽车）、韩国（半导体）和中国（高铁和液晶显示器）曾经的技术飞跃无不表明上述四大要素对于科技发展和创新不可或缺。举例而言，中国的高铁行业便得益于国家层面的支持，中国政府从 2004 年以来持续投入巨资完成了 2 万公里铁路建设。中国也与全球 4 家领先的老牌高铁企业签订了技术转让协议。此外，中国还是全球最大的高铁市场，总里程数占全球 65%。根据国新办2020 年 12 月发布的《中国交通的可持续发展》白皮书，截至 2019 年底，全国铁路营业里程 13.9 万公里，其中高铁达到 3.5 万公里。2020 年全国铁路新增运营里程超过 4800 公里，其中高铁约 2500 公里。2021 年春节前，还将有京哈高铁北京到承德段（192 公里）投入运营。由于高铁被中国列为国家重点产业，企业高管和工程师都明白任务的紧迫性，因此能够高效调动资源，实现"消化吸收再创新"，并且针对中国的运行环境开发解决方案，最终实现了大规模部署。

我们从以上四大要素入手，对中国的技术行业进行了分析。研究发现，中国在第一个（投资规模）和第三个（市场）要素上拥有极大优势。中国不但有能力提供充沛的科研资金，也拥有足够的市场空间来推动技术的商业化。因此，中国向技术链上游挺进的关键点就落在了第二和第四个要素上，也即积极开发和收购核心知识技术，以及设计一套行之有效的系统，以确保其生态系统具有足够的竞争活力来促进创新。对这两个要素而言，参与全球价值链以及加强资本、知识、人才流动都可以加快中国向价值链上游挺进的速度。

如表3-13和表3-14所示，尽管我国服务贸易进出口总额保持了实现了持续快速增长，但是我国服务贸易的逆差也持续扩大，从2003年的-59亿美元扩大最高达到了2015年的-1920亿美元，服务贸易出口额的增速明显低于进口额增速，我国服务贸易的整体竞争力仍然偏弱。如表3-15所示，在各部门中，旅游服务、运输服务、专有权利使用费和特许费、保险服务的逆差占比较高，在2014年分别达到了56.23%、30.17%、11.43%、9.31%；建筑服务、计算机和信息服务的竞争力相对较强，均处于贸易顺差状态。从发展趋势来看，旅游的贸易逆差扩大速度较快，在2008年之前旅游还处于贸易顺差状态，之后开始转为贸易逆差，2014年贸易逆差超过了千亿美元。2018年，国际收支口径的服务贸易逆差额达2913亿美元，较上年增加259亿美元，相当于同期货物和服务贸易顺差降幅1004亿美元的25.8%，占比较上年回落了45.9个百分点；服务贸易逆差额较上年增长9.8%，增速较上年回落了4.0个百分点。其中，第四季度，服务贸易逆差632亿美元，环比下降22%，缓解了2017年第四季度以来该项逆差持续上升的势头；贡献了当季货物和服务贸易顺差环比增加额624亿美元的28.3%。货物和服务贸易收支状况双双改善，令当季货物和服务贸易顺差823亿美元，远超过前三季度累计顺差280亿美元的规模，全年经常项目由前三季度逆差转为顺差已成定局。①

根据2021年5月国家外汇管理局公布的《2021年一季度我国国际收支平衡表》（初步数）：2021年一季度，我国经常账户顺差4871亿元，其中，货物贸易顺差7694亿元，服务贸易逆差1445亿元，初次收入逆差1530亿元，二次收入顺差152亿元；资本和金融账户（含当季净误差与遗漏）逆差4871亿元，其中直接投资顺差4573亿元，储备资产增加2269亿元。按美元计值，2021年一季度，我国经常账户顺差751亿美元，其中，货物贸易顺差1187亿美元，服务贸易逆差223亿美元，初次收入逆差236亿美元，二次收入顺差23亿美元；资本和金融账户（含当季净误差与遗漏）逆差751亿美元，其中直接投资顺差705亿美元，储备资产增加350亿美元。按SDR计值（即IMF储备货币单位），2021年一季度，我国经常账户顺差523亿SDR，其中，货物贸易顺差826亿SDR，服务贸易逆差155亿SDR，

① 管涛. 中国服务贸易持续逆差20年：无近虑，有远忧［EB/OL］. https：//www.yicai.com/news/100115390.html, 2019-02-13.

表 3 - 13　　　2003～2017 年我国服务贸易的进出口总额

项目	2003 年	2004 年	2005 年	2006 年	2007 年	2008 年	2009 年	2010 年	2011 年	2012 年	2013 年	2014 年	2015 年	2016 年	2017 年
出口额（亿美元）	333	397	468	649	744	920	1222	1471	1295	1622	1860	1914	2060	1909	2299
出口额增速（%）	9.55	19.23	17.65	38.82	14.62	23.66	32.82	20.38	-11.99	25.25	14.70	2.91	7.62	-7.32	20.39
进口额（亿美元）	393	465	553	727	840	1008	1301	1589	1589	1933	2477	2812	3305	3829	4364
进口额增速（%）	8.98	18.49	18.87	31.49	15.46	20.09	29.04	22.14	-0.04	21.70	28.11	13.54	17.55	15.85	13.96
进出口总额（亿美元）	726	863	1021	1376	1584	1928	2523	3060	2883	3555	4337	4726	5365	5739	6663
进出口总额增速（%）	9.24	18.83	18.31	34.85	15.07	21.76	30.85	21.29	-5.78	23.29	21.99	8.98	13.53	6.95	16.10

资料来源：2003～2017 年国家外汇管理局《中国国际收支平衡表》。

表3-14　　2003～2015年我国服务贸易各部门的进出口差额

项目	2003年	2004年	2005年	2006年	2007年	2008年	2009年	2010年	2011年	2012年	2013年	2014年	2015年
进出口差额（亿美元）	-59	-68	-85	-78	-96	-88	-79	-118	-294	-616	-897	-1245	-1920
运输差额（亿美元）	-67	-79	-103	-125	-130	-134	-120	-119	-230	-449	-469	-567	-579
占比（%）	112.78	116.33	120.83	159.79	136.23	151.28	151.10	100.82	78.30	72.80	52.31	45.52	30.17
旅游差额（亿美元）	39	50	22	60	75	96	74	47	-40	-241	-519	-769	-1079
占比（%）	-65.47	-73.51	-25.96	-76.87	-78.82	-109.06	-94.15	-39.67	13.71	39.13	57.88	61.77	56.23
通信服务差额（亿美元）	-1	1	2	1	-1	0	1	1	0	5	1	0	-5
占比（%）	0.92	-1.17	-2.47	-1.01	1.24	0.30	-1.17	-0.50	0.04	-0.87	-0.16	-0.02	0.25
建筑服务差额（亿美元）	0	3	1	1	10	7	25	60	36	110	86	68	105
占比（%）	0.28	-4.17	-1.25	-1.65	-10.18	-7.96	-31.19	-50.50	-12.24	-17.84	-9.61	-5.44	-5.46
保险服务差额（亿美元）	-25	-30	-42	-57	-67	-83	-98	-114	-97	-167	-173	-181	-179
占比（%）	41.88	44.76	49.44	73.55	69.55	93.76	123.40	96.16	33.04	27.12	19.24	14.53	9.31

续表

项目	2003 年	2004 年	2005 年	2006 年	2007 年	2008 年	2009 年	2010 年	2011 年	2012 年	2013 年	2014 年	2015 年
金融服务差额（亿美元）	0	0	-1	0	0	-7	-3	-3	-3	1	0	-5	-4
占比（%）	-0.37	0.57	0.94	0.57	0.15	8.45	4.13	2.12	0.97	-0.17	0.04	0.41	0.21
计算机和信息服务差额（亿美元）	1	-5	1	4	2	12	21	31	33	83	106	94	99
占比（%）	-1.97	7.29	-0.78	-4.92	-2.30	-13.81	-27.01	-26.13	-11.16	-13.53	-11.82	-7.59	-5.16
专有权利费和特许使用费差额（亿美元）	-18	-30	-34	-43	-52	-64	-78	-97	-106	-140	-167	-201	-219
占比（%）	30.82	43.94	40.26	54.56	54.00	72.84	99.24	82.52	36.20	22.65	18.61	16.18	11.43
咨询差额（亿美元）	-6	-13	-16	-16	-9	-6	7	46	52	98	134	169	164
占比（%）	10.33	19.84	18.31	20.26	9.01	6.29	-9.16	-38.98	-17.74	-15.91	-14.96	-13.60	-8.56
广告、宣传差额（亿美元）	0	0	0	2	4	5	6	3	4	12	20	18	12
占比（%）	-0.32	0.32	-0.33	-1.92	-3.77	-5.55	-7.27	-2.21	-1.22	-2.02	-2.20	-1.42	-0.60
电影、音像差额（亿美元）	0	-1	0	-1	0	0	2	2	-2	-3	-4	-6	-7

续表

项目	2003年	2004年	2005年	2006年	2007年	2008年	2009年	2010年	2011年	2012年	2013年	2014年	2015年
占比（%）	0.38	0.98	0.42	1.73	0.21	-0.18	-2.06	-1.38	0.62	0.45	0.49	0.51	0.36
其他商业服务差额（亿美元）	15	38	86	98	73	84	87	29	59	76	89	135	-217
占比（%）	-25.93	-56.44	-100.53	-126.04	-76.65	-95.53	-109.70	-24.40	-20.14	-12.32	-9.88	-10.83	11.31
别处未提及的政府服务差额（亿美元）	2	-1	-1	-2	-1	1	-3	-3	1	-3	-1	0	-10
占比（%）	-3.33	1.26	1.12	1.95	1.34	-0.82	3.85	2.15	-0.37	0.51	0.06	-0.03	0.51

资料来源：2003~2015年国家外汇管理局《中国国际收支平衡表》。

表 3－15　　2003～2015 年我国服务贸易的进出口结构变动

单位：%

项目	2003年	2004年	2005年	2006年	2007年	2008年	2009年	2010年	2011年	2012年	2013年	2014年	2015年	2016年
运输出口	13.90	14.39	16.91	18.59	20.73	22.84	25.63	26.11	18.20	21.10	19.12	20.33	18.27	20.03
运输进口	28.84	29.26	32.97	33.75	33.89	34.09	33.26	31.67	29.32	32.72	32.48	30.54	28.54	25.11
旅游出口	53.37	51.29	37.22	39.65	39.37	36.90	30.47	27.76	30.64	28.25	26.05	26.13	25.08	29.81
旅游进口	35.42	33.09	27.46	27.14	25.91	24.12	22.89	22.75	27.51	28.39	29.31	36.27	38.90	43.05
通信出口	0.81	1.38	1.37	0.85	0.65	0.80	0.96	1.07	0.93	0.75	0.93	0.94	0.81	0.95
通信进口	0.83	1.01	0.77	0.65	0.72	0.76	0.83	0.95	0.76	0.59	0.48	0.59	0.50	0.60
建筑出口	2.49	3.14	2.76	2.26	3.48	2.99	4.40	7.02	7.31	8.94	7.92	6.40	5.18	8.04
建筑进口	2.16	2.07	2.14	1.84	1.93	2.03	2.24	2.75	3.69	2.62	1.51	1.29	1.18	1.27
保险出口	0.68	0.53	0.72	0.59	0.74	0.60	0.74	0.94	1.24	1.06	1.62	1.74	1.94	2.40
保险进口	6.90	6.98	8.25	8.42	8.57	8.76	8.20	8.02	7.12	8.15	7.97	7.33	6.68	5.86
金融出口	0.30	0.13	0.32	0.14	0.20	0.16	0.19	0.21	0.28	0.82	0.46	0.99	1.55	2.37
金融进口	0.20	0.19	0.42	0.19	0.19	0.88	0.43	0.36	0.40	0.72	0.30	0.68	1.12	1.29
计算机信息出口	1.38	1.61	2.36	2.52	2.47	3.21	3.56	4.25	5.03	5.71	6.55	7.55	7.49	9.62
计算机信息进口	0.88	2.43	1.87	1.72	1.93	1.72	1.70	1.99	2.03	1.53	1.55	1.37	1.81	2.21
专利出口	0.33	0.33	0.23	0.36	0.21	0.22	0.28	0.39	0.33	0.51	0.40	0.55	0.43	0.35
专利进口	4.94	6.69	6.42	6.18	6.34	6.58	6.30	6.49	6.97	6.75	5.94	6.31	6.36	5.91

续表

项目	2003 年	2004 年	2005 年	2006 年	2007 年	2008 年	2009 年	2010 年	2011 年	2012 年	2013 年	2014 年	2015 年	2016 年
咨询出口	2.67	3.23	4.03	4.86	7.15	8.51	9.48	12.33	14.38	14.04	15.26	17.47	19.68	22.48
咨询进口	3.83	5.65	6.24	6.51	7.36	8.32	8.34	8.52	8.44	7.81	7.50	7.12	7.14	6.92
广告出口	0.83	0.94	1.04	1.31	1.45	1.57	1.56	1.50	1.79	1.78	2.16	2.48	2.38	2.60
广告进口	0.66	0.85	0.83	0.96	0.85	0.95	1.03	1.22	1.23	1.06	1.12	0.99	0.95	0.99
电影出口	0.08	0.07	0.07	0.06	0.18	0.15	0.26	0.28	0.08	0.08	0.07	0.07	0.07	0.09
电影进口	0.13	0.21	0.13	0.24	0.18	0.12	0.12	0.16	0.18	0.19	0.16	0.20	0.24	0.23
其他出口	21.84	22.04	32.20	28.22	22.69	21.40	22.02	17.68	19.07	16.37	19.06	14.85	16.53	0.71
其他进口	14.63	10.60	11.69	11.66	11.38	11.17	14.02	14.55	11.82	8.88	11.25	6.96	6.23	6.03
政府服务出口	1.30	0.91	0.77	0.58	0.66	0.63	0.45	0.45	0.73	0.59	0.40	0.52	0.60	0.55
政府服务进口	0.60	0.96	0.82	0.73	0.74	0.50	0.66	0.58	0.53	0.59	0.43	0.37	0.36	0.53

资料来源：2003~2016 年国家外汇管理局《中国国际收支平衡表》。

初次收入逆差 164 亿 SDR，二次收入顺差 16 亿 SDR；资本和金融账户（含当季净误差与遗漏）逆差 523 亿 SDR，其中直接投资顺差 491 亿 SDR，储备资产增加 244 亿 SDR。

商务部新任新闻发言人束珏婷 2021 年 9 月 2 日介绍了我国 2021 年前 7 个月服务贸易的有关情况。她表示，2021 年 1 ~ 7 月，我国服务贸易保持良好增长态势，逆差下降 70%。1 ~ 7 月，我国服务进出口总额 28093.6 亿元，同比增长 7.3%；其中服务出口 13373.1 亿元，增长 23.2%；进口 14720.6 亿元，下降 4%。服务出口增幅大于进口 27.2 个百分点，带动服务贸易逆差下降 70% 至 1347.5 亿元，同比减少 3140.2 亿元。与 2019 年同期相比，服务进出口下降 9%，两年平均下降 4.6%，其中出口增长 21.5%，两年平均增长 10.2%；进口下降 25.9%，两年平均下降 13.9%。其中，知识密集型服务贸易占比提高。1 ~ 7 月，我国知识密集型服务进出口 12868.2 亿元，增长 11.8%，占服务进出口总额的比重达到 45.8%，提升了 1.8 个百分点。其中，知识密集型服务出口 7044.7 亿元，增长 15.4%，占服务出口总额的 52.7%；出口增长较快的领域是个人文化和娱乐服务、知识产权使用费、电信计算机和信息服务，分别增长 28.3%、23.9%、20.8%。知识密集型服务进口 5823.5 亿元，增长 7.6%，占服务进口总额的 39.6%；进口增长较快的领域是金融服务和知识产权使用费，分别增长 18.9% 和 14.3%。[①]

3.3 我国国际贸易发展面临的内外挑战

从上文对我国国际贸易发展情况的分析可以看到，随着货物贸易额稳步增加，居世界的位次逐步提高，2009 年起，我国连续 9 年保持货物贸易第一大出口国和第二大进口国地位。2013 年起，我国超越美国成为全球货物贸易第一大国。1978 年以来，我国货物进出口规模实现了跨越式发展。据海关总署的统计，1978 年到 2017 年，按人民币计价，我国进出口总额从 355 亿元提

---

① 赵竹青. 商务部：今年以来我国服务贸易增长良好 逆差下降 70%［EB/OL］. https：//baijiahao. baidu. com/s？id = 1709843922228854148&wfr = spider&for = pc，2021 - 09 - 03.

高到 27.8 万亿元，增长 782 倍，年均增速达 18.6%。其中，出口总额从 168 亿元提高到 15.3 万亿元，增长 914 倍，年均增速为 19.1%；进口总额从 187 亿元提高到 12.5 万亿元，增长 664 倍，年均增速为 18.1%。货物贸易占世界比重也大幅提升。改革开放初期，我国货物进出口占国际市场份额仅为 0.8%，在全球货物贸易中列第 29 位。2017 年，我国进出口占全球份额为 11.5%，货物贸易重回全球第一，其中出口占比为 12.8%，进口占比为 10.2%。据海关统计，我国成为 2020 年全球唯一实现经济正增长的主要经济体，外贸进出口明显好于预期，外贸规模再创历史新高。2020 年我国货物贸易进出口总值 32.16 万亿元人民币，比 2019 年增长 1.9%。其中，出口 17.93 万亿元，增长 4%；进口 14.23 万亿元，下降 0.7%；贸易顺差 3.7 万亿元，增加 27.4%。

国家统计局的数据显示，改革开放初期，来料加工、进料加工等贸易方式极大地促进了对外贸易的发展，加工贸易占进出口总值的比重由 1981 年的 6% 增长到 1998 年的 53.4%。此后，随着货物贸易结构的调整和转型升级的推进，加工贸易占比开始缓慢下降。加工贸易占比由 2012 年的 34.8% 下降至 2017 年的 29%，一般贸易占比由 2012 年的 52% 上升至 2017 年的 56.3%。此外，产品结构也在不断优化。据统计，1978 年，我国初级产品出口占 53.5%，工业制成品出口占 46.5%。而到了 2017 年，工业制成品和初级产品占出口比重分别为 94.8% 和 5.2%。中国机电商会的数据则显示，1985～2017 年，我国机电产品出口从 16.8 亿美元增加到 1.3 万亿美元，已经连续 9 年保持机电产品全球第一大出口国地位。同期，高新技术产品占我国出口比重从 2% 左右提高到 28.8%。1978～2017 年，我国的贸易伙伴已由 40 多个发展到 231 个国家或地区，其中欧盟、美国、东盟、日本等为我国主要贸易伙伴。我国与新兴市场和发展中国家的贸易持续较快增长，2011 年起，东盟超越日本成为我国第三大贸易伙伴，在我国出口市场中的占比从 2000 年的 7% 提高到 2017 年的 12.5%。据国家统计局数据，2013～2017 年，我国与"一带一路"沿线国家货物进出口总值 33.2 万亿元，年均增长 4%，高于同期我国货物进出口年均增速 1.4 个百分点，成为货物贸易发展的一个亮点。在产业合作方面，过去五年中国在沿线国家投资建设了 82 个经贸合作区，入驻的企业将近 4000 家，为当地解决了 24 万多个就业岗位。这对于推进当地的工业化水平、解决当地的就业问题，发挥了非常重要的作用。① 据商务部统计，2018 年前三季度，我国企业共实施完成跨境并购项目 265 起，分布在新加坡、法国、德国等 49 个国家或地区，实际交易总额 433 亿美元。非理性投资得到有效遏制。2018 年 1～9 月，对外投资主要流向租赁和商务服务业、制造业、采矿业、批发和零售业，占比分别为 32.8%、16.7%、9.7% 和 9.2%。房地产业、体育和娱乐业对外投资没有新增项目。自疫情发生以来，中国企业对外并购活动和前几年相比大幅下降，中国企业在 2020 年上半年的对外并购交易量同比下降约 71%，交易额下降 88%。过去 20 年中国在欧盟完成的并购交易其实只有 1000 起，金额不到 1700 亿美元。截至 2019 年底，我国与六个大洲约 140 个国家和 30 个国际组织签署了约 200 份共建"一带一路"合作文件，为跨境并购提供支持。近几年我国企业并购呈现出以下几个趋势：从并购标的的区域分布来看，欧洲保持领先优势，北亚和东南亚降幅最大，扭转了前几年的趋势，欧洲、北美交易金额占比有所回升（合计由 38% 上升至 48%），而北亚和东南亚交易金额占比有所下降（合计由 44% 下降至 19%）；从并购标的的行业分布来看，技术引进、市场拓展、能源合作均为中国企业跨境并购的主要类型，计算机与电子和医药等技术密集型行业连续多年排名靠前，采矿业的并购金额逆势上升，食品饮料、餐饮住宿行业的并购金额排名也有所上升；"一带一路"的快速发展和粤港澳大湾区新政的出台有望使中企对"一带一路"沿线与中国香港标的的并购热度进一步提升；技术引进和能源合作跨境并购仍将是热点，随着我国产业升级和对经济新动能需求的上升，以电子及计算机、医药等为代表的新兴行业预计仍将是 2020～2025 年的并购热点，而大宗市场价格的波动为我国能源合作型的跨境并购提供了机遇；上市公司扮演的角色将更为重要，2019 年《上市公司重大资产重组管理办法》出台，上市公司将进一步稳固在跨境并购主体中的主导地位；并购支付方式将多元化发展，中企在"走出去"过程中将逐渐选择利于自身的支付方式，股权、债务承担、可转债、Earnout 等支付方式有望获得更为广泛的运用，此外中国加大金融主动开放有助于推动人民币国际化进程，

---

① 张怀水.40 年我国进出口总额增长 782 倍　外贸体量规模迎多级跳［EB/OL］. http://finance. china. com. cn/news/20181129/4822929. shtml, 2018－11－29.

人民币交易占比有望逐步提升。①

　　但是我国国家贸易也存在一些比较突出的问题，比如贸易的地区结构不平衡，对外贸易过度依赖美国、欧盟和日本等发达国家市场等。最近几年全球经济环境发生了显著变化，我国的国内经济发展也进入了新常态，国内外经济形势的调整深刻影响了我国的国际贸易发展。如表3－16以及图3－9所示，从2008年开始，我国出口贸易规模的增长速度放缓，甚至在2009年出现了近30年以来的首次负增长。尽管2010年我国出口额实现了快速反弹，但是受发达国家经济调整和我国国内市场变化等因素的影响，2002～2015年，中国进出口实现年均增速15.31%。2001年，我国进出口总额0.51万亿美元，仅占全球进出口额的4.02%。到2015年，我国进出口总额约3.95万亿美元，约为2001年进出口总额的8倍，占全球进出口额的11.89%。但2015年还是再次出现了负增长，出口增长率仅为－1.89%。

表3－16　　　　　　　　2005～2017年中国进出口总额与增速比较

年度	进出口		出口		进口	
	总额 （亿美元）	增速（%）	总额 （亿美元）	增速（%）	总额 （亿美元）	增速（%）
2005	14221.2	23.2	7620.0	28.4	6601.2	17.6
2006	17606.9	23.8	9690.7	27.2	7916.1	19.9
2007	21738.3	23.5	12180.1	25.7	9558.2	20.7
2008	25616.3	17.8	14285.5	17.3	11330.9	18.5
2009	22072.2	－13.8	12016.6	－15.9	10055.6	－11.3
2010	29727.6	34.7	15779.3	31.3	13948.3	38.7
2011	36420.6	22.5	18986.0	20.0	17434.6	25.0
2012	38667.6	6.2	20489.3	7.9	18178.3	4.3
2013	41589.9	7.6	22090.0	7.8	19499.9	7.3
2014	43012.3	3.4	23422.9	6.0	19592.4	0.5

---

　　① 蒋健蓉，袁宇泽．中国境内企业跨境并购报告：跨境并购持续遇冷　未来将现五大趋势［EB/OL］．http：//stock．finance．sina．com．cn/stock/go．php/vReport_Show/kind/strategy/rptid/640549554123/index．phtml，2020－04－18．

续表

年度	进出口		出口		进口	
	总额 （亿美元）	增速（%）	总额 （亿美元）	增速（%）	总额 （亿美元）	增速（%）
2015	39530.3	-8.1	22734.7	-2.9	16795.6	-14.3
2016	36855.6	-6.8	20976.3	-7.7	15879.3	-5.5
2017	41045.0	11.4	22635.2	7.9	18409.8	15.9

资料来源：国家统计局国家数据库。

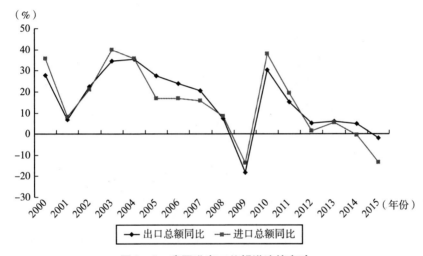

图 3-9 我国进出口总额增速的变动

资料来源：国家统计局国家数据库。

在 2008 年全球金融危机之后，由于互联网革命、技术和金融创新等因素加速了经济增长速度下滑，各国经济进入深度调整期，全球市场需求不足，国际贸易进入低迷期。受到宏观经济环境不景气的影响，在主要发达国家中非必需的耐用品消费出现了明显下滑，直接导致了国际贸易市场上可贸易程度高的耐用消费品需求下降。以美国为代表的发达国家在金融危机之后开始主动收缩供应链，将越来越多的产业环节转向国内，并提高了国际贸易的相关标准，全球贸易自由化进程放缓，基于价值链国际分工的国际贸易发展出现了一定程度的停滞。而越南等新兴经济体的成本优势开始凸显，劳动密集型产业转移的速度加快，我国在国际贸易市场上面临的挑战更加严峻。

经过改革开放以来40多年的发展，我国出口制造业的国际竞争力已经实现了跨越式提高，但在发达经济体需求低迷、国内要素成本上升的背景下，我国的国际贸易面临着内外多重因素的挑战。国务院新闻办公室在2021年5月11日新闻发布会上，介绍了第七次全国人口普查主要数据结果：在国内，我国人口自然增长率放缓，从21世纪初的8‰左右下降到约5‰，人口老龄化速度加快，65岁及以上人口占比超过10%，老年抚养比（非劳动年龄人口数中老年部分/劳动年龄人口数）超过了15%（如表3-17所示）。从过往的历史数据来看，我国2019年人口首次突破14亿人，依然是世界人口第一大国。但从人口增速来看，我国人口持续增长的动力逐渐减弱。21世纪初我国人口出生率达到14‰，2018年人口出生率骤降至11‰以下，2019年这一数值降至2000年以来新低。由于人口死亡率起伏不大，反映到人口自然增长率方面，这一数据也于2019年创下2000年来最低水平，达到3.34‰。根据国家统计局数据，2019年中国大陆总人口（包括31个省、自治区、直辖市和中国人民解放军现役军人，不包括香港、澳门特别行政区和台湾省以及海外华侨人数）140005万人，比上年末增加467万人。全年出生人口1465万人，人口出生率为10.48‰；死亡人口998万人，人口死亡率为7.14‰；人口自然增长率为3.34‰。从性别结构看，男性人口71527万人，女性人口68478万人，总人口性别比为104.45（以女性为100）。从年龄构成看，16~59周岁的劳动年龄人口89640万人，占总人口的比重为64.0%；60周岁及以上人口25388万人，占总人口的18.1%，其中65周岁及以上人口17603万人，占总人口的12.6%。从城乡结构看，城镇常住人口84843万人，比2018年末增加1706万人；乡村常住人口55162万人，减少1239万人；城镇人口占总人口比重（城镇化率）为60.60%，比上年末提高1.02个百分点。全国人户分离人口（即居住地和户口登记地不在同一个乡镇街道且离开户口登记地半年以上的人口）2.80亿人，比上年末减少613万人；其中流动人口2.36亿人，比2018年末减少515万人。与世界上主要经济体对比，我国老龄化人口比例并非十分突出。数据显示，2019年世界主要经济体中，65岁及以上人口占比最高的是日本，高达28%，是中国的2.44倍。其次是意大利、葡萄牙、芬兰、希腊、德国、法国等欧洲国家，65岁及以上人口占比均超过20%。老龄人口占比较少的主要为亚非拉地区发展中国家，包括阿根廷、巴西、土耳其、印度、南非等。从幼龄人口数据来看，GDP 万亿美元以上的经济体中，印度 0～14 岁人口占比最高，该国这一比例达到 26.22%。其次是印度尼西亚、墨西哥、巴西。作为目前世界上人口第二大国家，印度近些年来的人口增速维持在 10‰以上。根据联合国对世界人口的预测，2027 年，印度人口就会超过中国，登顶世界第一。[①] 根据李实、万海远（2017）等的研究，随着人口结构调整、人力资本提升，我国劳动力价格进入了较快发展的通道；在 2007 年之后，我国劳动力价格上升，和主要发达国家和发展中国家相比，劳动力成本优势不断缩小（林珊、林发彬，2018）。

表 3-17　　　　　　　　　　我国人口结构的变化

年份	年末总人口（万人）	0～14 岁人口（万人）	15～64 岁人口（万人）	65 岁及以上人口（万人）	0～14 岁人口占比（%）	15～64 岁人口占比（%）	65 岁及以上人口占比（%）	人口自然增长率（‰）	老年抚养比（%）
1999	125786	31950	85157	8679	25.40	67.70	6.90	8.18	10.2
2000	126743	29012	88910	8821	22.89	70.15	6.96	7.58	9.9
2001	127627	28716	89849	9062	22.50	70.40	7.10	6.95	10.1
2002	128453	28774	90302	9377	22.40	70.30	7.30	6.45	10.4
2003	129227	28559	90976	9692	22.10	70.40	7.50	6.01	10.7
2004	129988	27947	92184	9857	21.50	70.92	7.58	5.87	10.7
2005	130756	26504	94197	10055	20.27	72.04	7.69	5.89	10.7
2006	131448	25961	95068	10419	19.75	72.32	7.93	5.28	11
2007	132129	25660	95833	10636	19.42	72.53	8.05	5.17	11.1
2008	132802	25166	96680	10956	18.95	72.80	8.25	5.08	11.3
2009	133450	24659	97484	11307	18.48	73.05	8.47	4.87	11.6
2010	134091	22259	99938	11894	16.60	74.53	8.87	4.79	11.9
2011	134735	22164	100283	12288	16.45	74.43	9.12	4.79	12.3
2012	135404	22287	100403	12714	16.46	74.15	9.39	4.95	12.7
2013	136072	22329	100582	13161	16.41	73.92	9.67	4.92	13.1

① 梁谦刚. 中国人口自然增长率创 2000 年以来新低，6 年后将被印度超过 [EB/OL]. https：// baijiahao. baidu. com/s? id = 1699424611553324493，2021－05－11.

年份	年末总人口（万人）	0～14岁人口（万人）	15～64岁人口（万人）	65岁及以上人口（万人）	0～14岁人口占比（%）	15～64岁人口占比（%）	65岁及以上人口占比（%）	人口自然增长率（‰）	老年抚养比（%）
2014	136782	22558	100469	13755	16.49	73.45	10.06	5.21	13.7
2015	137462	22715	100361	14386	16.52	73.01	10.47	4.96	14.3
2016	138271	23008	100260	15003	16.64	72.51	10.85	5.86	15
2017	139008	23348	99829	15831	16.80	71.82	11.39	5.32	15.9

注：统计数据不包括港澳台地区。
资料来源：国家统计局国家数据库。

此外，我国土地等其他资源要素成本也快速上升，印度、越南、墨西哥等新兴经济体对我国产品出口的压力不断增加；"高投入、高能耗、高污染"的粗放发展模式已经面临瓶颈，一方面许多行业都出现了明显的产能过剩，另一方面环境污染问题突出，基础资源使用效率偏低。我国传统出口产品的增长空间已经有限，面临着从低附加值、低技术含量的产品向中高端转型升级的压力。

我国出口规模的扩大也显著改变了国际贸易格局，长期以来累积的贸易顺差也导致我国成为国际贸易保护主义的主要攻击对象，面临了越来越多的贸易摩擦。2016年和2017年我国商品受到的反倾销、反补贴等贸易救济调整案件涉及金额均超过了百亿美元。2017年1月5日商务部新闻发言人孙继文表示，2016年我国共遭遇来自27个国家或地区发起的119起贸易救济调查案件，案件数量同比上升36.8%，达到历史高点。在119起贸易救济调查案件中，反倾销91起、反补贴19起、保障措施9起。总共涉案金额143.4亿美元，同比上升76%。其中，几近半数的贸易救济案件针对中国钢铁产品，21个国家或地区发起立案调查49起，涉案金额78.95亿美元，案件数量和金额同比分别上升32.4%、63.1%。其他贸易摩擦较多的产品主要集中在化工和轻工领域。2016年我国遭遇的贸易摩擦呈现3个特点：一是中国遭遇贸易救济案件数量达到历史高点；二是光伏、瓷砖、轮胎产品等重点产业遭到多国设限；三是贸易摩擦政治化、措施极端化倾向明显，终裁税率普遍较高。① 2018 年 11 月 22 日，经济合作与发展组织和联合国贸易和发展会议（UNCTAD）发布的《第 20 期二十国集团（G20）成员贸易投资措施监控报告》显示，中国 2017 年共遭受 21 个国家或地区发起的贸易救济调查 75 起，涉案金额高达 110 亿美元，而这只占中国全年商品出口总额的 0.49%。商务部数据显示，2018 年 1～11 月，中国出口产品共遭遇 28 个国家或地区发起 101 起贸易救济调查，涉案金额总计 324 亿美元。与上年同期相比，调查数量和涉案金额分别增长了 38% 和 108%。尽管如此，涉案金额占同期中国商品出口额之比也只有 1.4%，对中国贸易影响非常小。② 据商务部初步统计，2020 年，中国出口产品共遭遇 28 个国家或地区 132 起贸易救济立案调查，涉案金额约 131 亿美元，主要集中在化工、钢铁、机电、纺织等领域。与 2019 年相比，立案数量增加了 29%，涉案金额增加了 6%。除贸易救济调查外，美国还发起了 20 起涉及中国出口产品的 337 调查，主要集中在机电领域。③

---

① 2016 年我国遭遇贸易救济案件数达历史高点 [EB/OL]. http：//news. chinabaogao. com/hgjj/201701/0162644512017. html，2017－01－06.

② 冯维江. "逆全球化" 将去向何方 [EB/OL]. http：//www. rmlt. com. cn/2019/0621/550168. shtml，2019－06－21.

③ 中国贸易救济信息网 [EB/OL]. http：//cacs. mofcom. gov. cn/cacscms/article/ysdt？articleId＝167546，2021－01－11.

| 第4章 |

我国国际贸易发展的优势分析

从上一章对我国国际贸易发展趋势的分析可以看到，在 2001 年加入世界贸易组织之后，我国迅速融入了世界贸易市场，成为了全球最大的贸易国之一。但是在金融危机之后，我国的国际贸易面临着更深层次的调整，贸易增速迅速下滑。本章在前文基础上，进一步讨论了我国国际竞争的优势变动。

4.1　我国国际贸易的相对优势分析

按照《联合国国际贸易标准分类》（SITC），国际贸易商品可以按照两种分类方式进行分类（见表 4－1），其中一种分类方式是按照初级产品和工业制成品进行分类，另一种分类方式是按照资源密集型、能源密集型、资本密集型和劳动密集型进行分类。基于上述分类，本节主要通过出口增速、市场份额来讨论不同行业国际竞争优势的变动。

表 4 – 1   国际商品的基本分类

序号	名称	类别1	类别2
0	粮食及活动物	初级产品	资源密集型商品
1	饮料及烟叶		
2	除燃料外的非食用未加工材料		
3	矿物燃料、润滑油及有关物质		能源密集型商品
4	动物及植物油、脂肪及蜡		
5	未列明的化学及有关产品	工业制成品	资本密集型商品
6	主要按材料分类的制成品		劳动密集型商品
7	机械和运输设备		资本密集型商品
8	杂项制品		劳动密集型商品
9	未列入其他分类的货物及交易	其他	其他

资料来源：联合国商品贸易统计数据库（UN Comtrade）。

本节测算了显性比较优势指数和贸易竞争指数，讨论了我国出口商品在国际贸易市场上相对影响力的变动。显性比较优势指数（即相对出口优势指数）考察的是某类商品在国际市场上的相对优势，其数值等于某类商品在该国的出口份额除以该类产品在全球贸易中的份额，显然该指数的数值越大，则意味着该国此类商品的出口相对全球平均水平而言表现得就更好。贸易竞争优势指数考察的是某类商品进出口交易中差额的比重，它能够体现该类商品相对于国际市场上其他商品的竞争优势，其数值为正且越接近1，就意味该类商品的竞争优势越大。

4.1.1 基于显性比较优势指数的分析

根据表4 –2中我国各类出口商品相对出口优势指数的测算结果，可以看到我国初级产品的相对出口优势指数明显低于工业制成品，其中"动物及植物油、脂肪及蜡"的相对出口竞争优势指数最低，长期保持在0.06～0.07附近。而工业制成品中优势最突出商品类别是"杂项制品"，其相对出口竞争优势指数达到2左右；从相对出口竞争优势指数来看具有一定竞争力的商品类别还包括"机械和运输设备"和"主要按材料分类的制成品",其相对出口竞争指数基本超过了 1.25。总体上来看,出口商品中国际竞争优势比较突出的是劳动密集型商品,其相对出口竞争指数偏高;而能源密集型商品和资源密集型商品的相对出口竞争指数均偏低,在国际竞争中并没有优势。

表 4 - 2　　　　　　　　我国商品相对出口优势指数的变动

| 年份 | 初级产品 | | | | | 工业制成品 | | | | 其他 |
| | 资源密集型 | | 能源密集型 | | | 资本密集型 | | 劳动密集型 | | |
	类别 0	类别 1	类别 2	类别 3	类别 4	类别 5	类别 7	类别 6	类别 8	类别 9
2003	0.85	0.35	0.53	0.34	0.14	0.52	0.88	1.21	2.61	0.05
2004	0.8	0.32	0.46	0.29	0.08	0.46	0.96	1.18	2.48	0.05
2005	0.72	0.25	0.38	0.27	0.06	0.42	1.08	1.15	2.33	0.05
2006	0.6	0.24	0.32	0.24	0.06	0.42	1.15	1.21	2.23	0.04
2007	0.58	0.19	0.31	0.19	0.09	0.44	1.21	1.22	2.2	0.06
2008	0.55	0.6	0.24	0.13	0.1	0.45	1.25	1.28	2.22	0.06
2009	0.50	0.15	0.21	0.13	0.06	0.47	1.28	1.25	2.21	0.04
2010	0.44	0.14	0.23	0.14	0.07	0.53	1.37	1.34	2.26	0.03
2011	0.44	0.16	0.2	0.13	0.05	0.45	1.43	1.22	2.13	0.02
2012	0.46	0.16	0.18	0.12	0.05	0.5	1.44	1.22	2.17	0.02
2013	0.46	0.16	0.18	0.11	0.05	0.56	1.45	1.28	2.25	0.02
2014	0.44	0.16	0.17	0.09	0.05	0.52	1.44	1.32	2.38	0.01
2015	0.43	0.15	0.17	0.09	0.05	0.51	1.43	1.34	2.36	0.01
2016	0.41	0.15	0.15	0.1	0.06	0.53	1.34	1.37	2.24	0.02
2017	0.4	0.17	0.18	0.14	0.07	0.49	1.25	1.36	1.98	0.02

资料来源:国家统计局国家数据库。

在加入世界贸易组织后,我国能源密集型商品和资源密集型商品的相对出口竞争指数持续降低,但是在金融危机之后两类商品的相对出口竞争指数开始趋于稳定。而我国劳动密集型和资本密集型商品的相对出口竞争指数变动就不太相同,在加入世界贸易组织后的初期,"机械和运输设备"的相对出口竞争指数增长最快，迅速在国际市场上取得了较强的竞争优势，而"杂项制品"等其他类型商品的指数相对稳定，也表现出了一定的竞争优势。但是在金融危机之后，"机械和运输设备"的相对出口竞争指数开始出现一定下滑，"主要按材料分类的制成品"和"杂项制品"等劳动密集型商品的竞争优势相对缩小，总体来看，各类商品相对出口竞争指数的波动幅度变小，商品的国际竞争优势开始趋于稳定。

4.1.2　基于贸易竞争优势指数的分析

根据表 4-3 我国贸易竞争优势指数的计算结果，同样可以看到我国工业制成品的贸易竞争优势明显强于初级产品，其中劳动密集型产品竞争优势最为突出，"杂项制品"和"主要按材料分类的制成品"的贸易竞争优势指数最高，2017 年分别达到了 0.63 和 0.49；资本密集型商品中"机械和运输设备"的竞争优势相对较高，贸易竞争优势指数达到了 0.22。从贸易竞争优势指数的变动趋势来看，加入世界贸易组织之后我国劳动密集型的竞争优势逐步扩大，但大约从 2012 年开始，我国劳动密集型商品发展开始出现瓶颈；而资本密集型商品一直以来的发展相对偏慢，竞争优势的提高幅度相对较小。

表 4-3　　　　　　　　　我国商品的贸易竞争优势指数

| 年份 | 初级产品 | | | | | 工业制成品 | | | | 其他 |
| | 资源密集型 | | 能源密集型 | | | 资本密集型 | | 劳动密集型 | | |
	类别 0	类别 1	类别 2	类别 3	类别 4	类别 5	类别 7	类别 6	类别 8	类别 9
2003	0.44	0.36	-0.68	-0.35	-0.75	-0.41	-0.01	0.22	0.7	-0.48
2004	0.47	0.43	-0.68	-0.39	-0.89	-0.44	-0.14	0.04	0.67	-0.41
2005	0.49	0.35	-0.74	-0.45	-0.93	-0.43	-0.01	0.04	0.59	-0.14
2006	0.35	0.38	-0.81	-0.54	-0.93	-0.43	0.03	0.15	0.51	-0.16
2007	0.41	0.2	-0.81	-0.57	-0.85	-0.37	0.1	0.23	0.52	-0.11
2008	0.44	0.07	-0.83	-0.67	-0.83	-0.32	0.12	0.34	0.54	0.07
2009	0.46	0	-0.86	-0.67	-0.92	-0.28	0.17	0.36	0.55	-0.06
2010	0.4	-0.11	-0.87	-0.68	-0.89	-0.2	0.21	0.42	0.55	-0.44

续表

年份	初级产品					工业制成品				其他
	资源密集型		能源密集型			资本密集型		劳动密集型		
	类别 0	类别 1	类别 2	类别 3	类别 4	类别 5	类别 7	类别 6	类别 8	类别 9
2011	0.37	−0.09	−0.89	−0.72	−0.92	−0.29	0.18	0.26	0.56	−0.34
2012	0.31	−0.12	−0.9	−0.75	−0.92	−0.26	0.17	0.31	0.54	−0.85
2013	0.27	−0.24	−0.9	−0.79	−0.91	−0.22	0.18	0.36	0.57	−0.91
2014	0.19	−0.26	−0.9	−0.82	−0.92	−0.22	0.19	0.39	0.59	−0.96
2015	0.14	−0.27	−0.9	−0.81	−0.89	−0.23	0.19	0.42	0.62	−0.97
2016	0.11	−0.24	−0.89	−0.80	−0.85	−0.18	0.19	0.40	0.64	−0.95
2017	0.07	−0.27	−0.88	−0.75	−0.84	−0.14	0.22	0.49	0.63	−0.95

资料来源：国家统计局国家数据库。

我国初级产品面临的竞争压力比较大，除了"粮食及活动物"外，其他商品的贸易竞争指数均小于 0，其中"除燃料外的非食用未加工材料""除燃料外的非食用未加工材料"最小，分别仅为 −0.88、−0.84。在加入世界贸易组织后，我国商品"粮食及活动物""饮料及烟叶"的竞争优势不断下降，"粮食及活动物"的贸易竞争优势指数从最高 0.49 减少到了 0.07，"饮料及烟叶"的贸易竞争优势指数更是由正转负，从最高 0.43 减少到了 −0.27。

4.2　我国国际贸易的绝对优势分析

4.2.1　基于行业出口增速的优势分析

本节首先利用基于出口增速的出口增长率优势指数，比较分析了不同类型商品在出口商品和国际市场的增速特点。出口增长率优势指数考察了某类商品在出口商品中的相对增速，其数值等于产品出口增长率减去总商品出口增长率的差额，显然该指数的数值越大，则意味着该类商品相对于本国其他类别出口商品的增速越快，在国际市场上该类商品的竞争优势会更加突出。

表 4-4 测算了我国各行业的出口增长率优势指数，可以看到总体而言我国工业制成品的出口增长率优势指数要高于初级产品，我国在工业制成品方面的竞争优势更加明显。在加入世界贸易组织后的初期，我国初级产品的出口增长率明显低于总商品出口的增长速度，其中"粮食及活动物"的出口增长率优势指数在 2005 年、2006 年分别仅为 -14.7、-27.8，"除燃料外的非食用未加工材料"的出口增长率优势指数在 2005 年、2006 年分别仅为 -20.4、-19.2，初级产品部门出口受到了较大影响。而工业制成品在出口商品中的优势比较明显，尤其是"主要按材料分类的制成品""机械和运输设备"增长较快，两类商品在 2006 年的出口增长率优势指数分别达到了 10.4、7.5。从商品资本结构的角度来看，资本密集型产品如"机械和运输设备"和"未列明的化学及有关产品"的出口增长率优势指数相对更高，而能源和资源密集型产品的出口增长率优势指数相对偏低，其中"除燃料外的非食用未加工材料"和"饮料及烟叶"类别商品更为明显。

表 4-4　　　　　2003~2017 年以来我国商品的出口增长率优势指数

年份	初级产品					工业制成品				其他
	资源密集型		能源密集型			资本密集型		劳动密集型		
	类别 0	类别 1	类别 2	类别 3	类别 4	类别 5	类别 7	类别 6	类别 8	类别 9
2003	-2.7	10.5	-13.2	0.2	-11.2	3.6	8.1	-3.8	-5.5	6.9
2004	-7.9	-9.7	-16.8	-22.0	-34.4	-7.6	11.4	-1.5	-6.2	-11.3
2005	-14.7	-31.0	-20.4	-2.8	-16.6	-6.8	13.3	-4.3	-9.9	13.7
2006	-27.8	-16.3	-19.2	-5.1	-6.8	-0.8	7.5	10.4	-11.4	-19.7
2007	-9.3	-31.0	-0.3	-6.7	52.4	7.3	2.9	-0.1	-4.3	16.0
2008	-12.7	-26.3	-22.2	-26.3	12.2	-2.7	2.4	8.2	-4.6	17.0
2009	-6.4	-8.9	-9.9	-8.4	-42.6	9.6	0.7	0.1	-1.1	-31.7
2010	-10.7	-7.8	6.9	34.9	74.3	14.2	-0.6	1.9	-4.4	-38.8
2011	15.5	23.3	-11.9	-19.8	-27.0	-5.8	3.7	-13.6	5.2	11.3
2012	-5.1	-15.2	11.0	-0.4	-15.9	9.8	0.8	3.5	-5.3	-41.2
2013	2.4	-0.9	8.7	0.7	25.5	10.8	-4.8	8.0	1.4	39.3

续表

年份	初级产品					工业制成品				其他
	资源密集型		能源密集型			资本密集型		劳动密集型		
	类别0	类别1	类别2	类别3	类别4	类别5	类别7	类别6	类别8	类别9
2014	-4.8	5.9	-12.2	-11.8	-5.5	-9.0	-1.0	-3.4	8.5	-47.4
2015	-0.8	-7.1	-6.3	1.1	-0.1	-2.5	-0.1	0.4	0.7	14.2
2016	-0.3	4.5	2.6	-4.1	1.6	6.4	-2.9	5.0	0.9	25.1
2017	1.4	17.4	-9.4	-16.3	4.6	-1.0	2.1	0.5	-2.9	-7.8

资料来源：国家统计局国家数据库。

但是近年来工业制成品的竞争优势已经出现了弱化的迹象，特别在金融危机之后，2011年初级产品中"粮食及活动物""饮料及烟叶"的出口增长率优势指数分别达到了15.5、23.3，而工业制成品的表现普遍一般，其中杂项制成品的出口增长率优势指数最高，但是仅为5.2。从商品资本结构的角度来看，比较金融危机前后的出口增长率优势指数可以发现，资本和劳动密集型产品的竞争优势出现了新的变化，劳动密集的"杂项制品"的相对竞争优势有所提高，而"机械和运输设备"出口增长率优势指数的平均下降幅度最大，我国资本密集型商品的竞争优势开始有所削弱。

4.2.2　基于国际市场份额的优势分析

本节测算了我国商品在美国、欧盟和日本三个主要出口市场以及国际市场的份额，通过讨论我国商品在主要出口市场和国际市场的发展分析了我国竞争优势的演变。这里的市场渗透率就是我国某项商品分别在美国、日本和欧盟等主要国家或地区进口市场的比重，国际市场占有率就是我国某类出口商品在该类商品全球进口总额中的比重，显然国际市场占有率越高，就意味着我国出口的该类商品在国际市场上的竞争力越强。

4.2.2.1　主要出口市场的渗透率

（1）我国商品在美国市场的渗透率。从表4-5可以看到，在加入世界贸易组织之后，我国各类商品在美国市场的份额都有了明显提高，其中工业制成品的增加幅度要远高于初级产品，劳动密集型产品份额增加最为突出。除了"矿物燃料、润滑油及有关物质"和"饮料及烟叶"类型的商品在美国市场的影响较小之外，我国以劳动密集型商品为主的其他商品在美国市场都具有一定的市场份额。具体来看，根据《联合国国际贸易标准分类》（SITC）中，市场份额最高的商品包括"杂项制品""主要按材料分类的制成品""机械和运输设备"，其在美国的市场占有率超过了20%。另外，还可以发现，金融危机后我国商品在美国市场也逐步趋于稳定，市场份额的上升空间可能相对有限。

表 4 – 5　　　　　　　　　我国商品在主要出口市场的渗透率　　　　　　单位：%

国家或地区	年份	初级产品					工业制成品				其他
		资源密集型		能源密集型			资本密集型		劳动密集型		
		类别0	类别1	类别2	类别3	类别4	类别5	类别7	类别6	类别8	类别9
美国	2003	2.39	0.32	1.93	0.29	0.40	2.27	3.93	5.31	11.53	0.02
	2007	4.44	0.16	3.08	0.37	0.62	3.69	12.01	11.29	18.72	0.15
	2010	6.53	0.20	4.09	0.47	0.61	5.38	16.48	15.08	25.24	0.25
	2014	7.07	0.24	4.74	0.30	1.49	6.71	19.87	17.70	33.20	0.02
	2017	6.20	0.24	5.05	0.48	1.49	6.67	19.91	20.95	35.66	0.01
欧盟	2003	0.86	0.20	1.24	0.28	0.22	1.01	2.03	2.00	4.30	0.01
	2007	0.98	0.25	1.68	0.29	0.37	1.25	5.32	3.51	7.79	0.02
	2010	1.22	0.32	1.45	0.29	0.18	1.76	7.67	5.10	11.37	0.02
	2014	1.39	0.44	1.34	0.20	0.35	2.16	9.56	6.33	15.94	0.01
	2017	1.57	0.63	1.63	0.22	0.56	2.53	9.35	8.10	17.52	0.01
日本	2003	13.33	0.79	5.09	2.84	1.11	6.26	12.48	17.31	32.15	0.49
	2007	16.04	1.08	4.32	2.33	3.40	10.14	23.57	23.83	35.32	4.65
	2010	12.71	1.01	3.14	1.78	3.47	13.87	28.49	22.99	39.89	6.31
	2014	16.77	0.88	3.33	0.82	2.37	12.12	32.87	28.19	44.12	0.05
	2017	17.87	0.95	4.09	1.19	2.48	13.24	34.23	29.81	42.21	0.03

资料来源：国家统计局国家数据库。

（2）我国商品在欧盟市场的渗透率。总体来看，我国商品在欧盟市场的渗透率也呈上升趋势，并且工业制成品的优势比初级产品的优势更加明显，从数值上看劳动密集型产品的渗透率远高于其他部门。表4-5所示，与美国市场比较，我国商品在欧盟市场影响力相对偏小，根据国家统计局国家数据库数据，市场份额最大的"杂项制品"和"机械和运输设备"比重也分别仅为17.52%、9.35%。我国面向欧盟市场的贸易发展受金融危机的影响也更小，近年来市场份额保持了一定的增长势头，不过资本密集型商品的增长相对放缓，而劳动密集型商品的表现仍然相对突出。

（3）我国商品在日本市场的渗透率。从市场份额来看，我国商品在日本市场的影响力最大，除工业制成品市场份额较高之外，初级产品也有一定的市场地位。具体来看，表4-5所示，根据国家统计局国家数据库数据，在日本市场上劳动密集新商品"杂项制品"市场份额最大，达到了42.21%；"机械和运输设备""主要按材料分类的制成品"在日本市场的表现也明显优于在美国和欧盟市场的表现，其在日本市场份额分别达到了34.23%、29.81%。初级产品的市场份额相对偏低，但在日本市场"粮食及活动物"的市场份额也高达17.87%，"除燃料外的非食用未加工材料"的市场份额也有4.09%。总体而言，我国劳动密集型商品在日本市场竞争优势突出，而资本密集型商品的竞争优势提高更快。

4.2.2.2 国际市场占有率

从表4-6中我国商品在国际市场的占有率来看，我国工业制成品在国际市场上的表现远优于初级产品，其中劳动密集型产品的竞争优势最为明显。从市场份额来看，"杂项制品"和"主要按材料分类的制成品"在国际市场上的表现突出，市场占有率分别达到了31.5%、21.6%。在加入世界贸易组织之后，我国工业制成品的市场份额迅速扩大，除了劳动密集型商品以外，资本密集型商品中"机械和运输设备"的市场份额也达到了19.7%。全球金融危机在2009年对我国商品出口带来了一定影响，随后我国出口增长迅速反弹，但最近几年我国商品国际市场占有率的增长遭遇瓶颈，出现了增长乏力的苗头。

表 4 - 6 我国商品的国际市场占有率 单位: %

年份	初级产品					工业制成品				其他
	资源密集型		能源密集型			资本密集型		劳动密集型		
	类别 0	类别 1	类别 2	类别 3	类别 4	类别 5	类别 7	类别 6	类别 8	类别 9
2003	3.7	1.5	2.3	1.5	0.6	2.3	3.8	5.3	11.4	0.2
2004	4.1	1.6	2.4	1.5	0.4	2.3	4.9	6.0	12.7	0.2
2005	4.2	1.5	2.3	1.6	0.4	2.5	6.4	6.8	13.7	0.3
2006	4.0	1.6	2.1	1.6	0.4	2.7	7.6	7.9	14.6	0.3
2007	4.3	1.4	2.3	1.4	0.7	3.3	9.0	9.1	16.5	0.4
2008	4.5	1.3	2.0	1.1	0.9	3.6	10.2	10.4	18.1	0.5
2009	4.5	1.3	1.9	1.2	0.5	4.2	11.5	11.2	19.8	0.4
2010	4.0	1.3	2.1	1.2	0.7	4.8	12.5	12.2	20.6	0.2
2011	4.3	1.5	1.9	1.3	0.5	4.4	14.1	12.0	21.0	0.2
2012	4.9	1.7	1.9	1.2	0.5	5.3	15.2	12.9	23.0	0.2
2013	5.0	1.7	1.9	1.1	0.5	6.0	15.6	13.8	24.2	0.3
2014	5.1	1.9	2.0	1.0	0.6	6.0	16.5	15.1	27.3	0.1
2015	5.1	1.8	2.0	1.1	0.6	6.1	17.1	16.1	28.2	0.2
2016	5.2	2.0	2.3	1.3	0.7	6.8	17.1	17.5	28.7	0.3
2017	6.4	2.7	2.8	2.2	1.2	7.8	19.7	21.6	31.5	0.3

资料来源: 国家统计局国家数据库。

4.3 我国国际贸易中生产要素的优势分析

在前文贸易竞争优势等相关讨论的基础上, 本节重点讨论了几项被普遍视为影响贸易竞争的核心要素的演变情况。根据表 4 - 7 所示, 我国就业人口数量尤其是第二产业就业人口数量在 2003 年之后连续出现了较高增长, 在 2004 ~ 2007 年间, 我国第二产业就业人口的数量年增长率均在 6% 以上。由于金融危机的影响, 2008 年开始我国就业人口数量和第二产业就业人口数量的增长速度连续三年出现了不同程度的下滑。尽管 2011 年和 2012 年我国就业人口数量和第二产业就业人口数量出现了一定程度的恢复，但是随着人口结构变化、城市化水平提高、产业结构调整等多重因素的影响，2013 年开始我国就业人口数量增速又开始下降，第二产业就业人口数量甚至出现了负增长。2020 年 1 月 17 日，国家统计局发布数据显示，2019 年末 16～59 岁（含不满 60 周岁）劳动年龄人口为 8.96 亿人，比 2018 年末减少 89 万人；劳动年龄人口占总人口比重为 64.3%，基本持平于 2018 年。中国劳动年龄人口数量在 2012 年出现由升转降的拐点，相比 2011 年峰值 9.25 亿人，八年间减少约 2860 万人。到 2025 年，预计我国 60 岁以上人口占比将达到 20.5%，65 岁以上人口占比将接近 14.0%，劳动年龄人口将继续减少 2000 万人左右，比重下降至 61.5%。《中国统计年鉴（2020）》并结合各地统计公报数据显示，2020 年劳动年龄人口占比最高的是北京，天津、内蒙古位居第二、三位；老龄化较深的东北地区，劳动年龄人口占比并不低，相反，中西部一些人口大省的劳动年龄人口占比普遍较低。① 《中国人力资本报告 2020》显示，1985～2018 年间，中国劳动力人口（包括学生）的平均年龄从 32.2 岁上升到了 38.4 岁。同时报告测算的结果显示，1985～2018 年间，中国人力资本总量增长 11.2 倍，年均增长率是 7.8%。

表 4-7   我国就业人口和平均工资的变动情况

年份	就业人员合计（万人）	就业人口增长率（%）	第二产业就业人口（万人）	第二产业就业人口增长率（%）	就业人员平均工资总计（元）	就业人员平均工资增长率（%）	在岗职工平均工资（元）	在岗职工平均工资增长率（%）	人均 GDP 增长率（%）
2000	72085	0.97	16219	-1.23	9333	12.19	9371	12.28	9.86
2001	72797	0.99	16234	0.09	10834	16.08	10870	16.00	9.76
2002	73280	0.66	15682	-3.40	12373	14.21	12422	14.28	9.05
2003	73736	0.62	15927	1.56	13969	12.90	14040	13.03	12.20
2004	74264	0.72	16709	4.91	15920	13.97	16024	14.13	17.07
2005	74647	0.52	17766	6.33	18200	14.32	18364	14.60	15.06

---

① 31 省份劳动年龄人口占比：中西部人口大省普遍较低 [EB/OL]. https：//baijiahao. baidu. com/s? id = 1685450408845569363，2020-12-08.

续表

年份	就业人员合计（万人）	就业人口增长率（%）	第二产业就业人口（万人）	第二产业就业人口增长率（%）	就业人员平均工资总计（元）	就业人员平均工资增长率（%）	在岗职工平均工资（元）	在岗职工平均工资增长率（%）	人均GDP增长率（%）
2006	74978	0.44	18894	6.35	20856	14.59	21001	14.36	16.49
2007	75321	0.46	20186	6.84	24721	18.53	24932	18.72	22.51
2008	75564	0.32	20553	1.82	28898	16.90	29229	17.23	17.63
2009	75828	0.35	21080	2.56	32244	11.58	32736	12.00	8.71
2010	76105	0.37	21842	3.61	36539	13.32	37147	13.47	17.75
2011	76420	0.41	22544	3.21	41799	14.40	42452	14.28	17.90
2012	76704	0.37	23241	3.09	46769	11.89	47593	12.11	9.90
2013	76977	0.36	23170	-0.31	51483	10.08	52388	10.08	9.61
2014	77253	0.36	23099	-0.31	56360	9.47	57361	9.49	7.64
2015	77451	0.26	22693	-1.76	62029	10.06	63241	10.25	6.46
2016	77603	0.20	22350	-1.51	67569	8.93	68993	9.10	7.42

资料来源：国家统计局国家数据库、EPS数据库。

根据表4-7中就业人员平均工资和在岗职工平均工资，伴随着我国经济的高速增长，我国劳动力工资水平提高较快，在2001年加入世界贸易组织之后，在岗职工平均工资年增长率基本保持在14%以上，且基本低于人均GDP增长率。而2012年之后，尽管就业人员平均工资和在岗职工平均工资的增速放缓，但是仍然明显高于人均GDP增长率，劳动力成本压力逐步增加。根据国家统计局公布的数据，2019年中国城镇单位在岗职工平均工资为29229元，日平均工资为111.99元。2019年，我国城镇在岗职工平均年工资42452元，增长14.3%，上海、北京分列前两位。

除了劳动力供给趋紧、劳动力成本上升之外，近年来人民币汇率也呈上升趋势。如图4-1所示，2004年美元对人民币汇率为100美元兑换827.68元人民币，1985～2004年期间，人民币对美元汇率整体呈现明显贬值的趋势。自从2005年人民币汇率形成机制改革之后，人民币对美元汇率逐步上升，从2004年100美元兑换827.68元人民币开始上升到2008年100美元兑换 694.51 元人民币。在 2007 年金融危机爆发后，人民币对美元汇率的调整速度放缓，但是随着美国经济形势趋稳，从 2011 年开始人民币对美元汇率加快调整。尽管 2016 年人民币对美元汇率出现了较大幅度修正，但仍然处于相对高位，达到了 100 美元兑换 664.23 元人民币。[①] 国家统计局发布《2019 年国民经济和社会发展统计公报》中显示，2019 年年末国家外汇储备 31079 亿美元，比上年末增加 352 亿美元。全年人民币平均汇率为 1 美元兑 6.8985 元人民币，比上年贬值 4.1%。从 2020 年全年来看，人民币对美元中间价平均为 6.8974，与 2019 年的平均水平基本持平。从汇率弹性来看，2020 年人民币对美元的一年历史波动率为 4.2%，欧元和日元的历史波动率为 8%，英镑的历史波动率为 11%，与其他货币相比，人民币汇率保持基本稳定。2021 年以来，人民币对美元汇率走势已脱离 2019 年下半年单边升值通道，转而构筑双向波动的新格局。

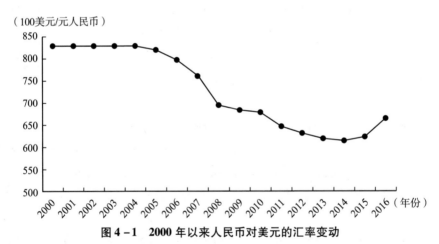

（100美元/元人民币）

图 4 - 1　2000 年以来人民币对美元的汇率变动

资料来源：国家统计局国家数据库、EPS 数据库。

虽然劳动力要素的成本上升，但我国劳动力的技术水平有了明显提高。我国普通高等学校毕业生人数比率一直较低，在 1999 年我国启动高校扩招之后，2016 年我国普通高等学校毕业生人数从 2000 年的 94.98 万人增加到了

---

① 过去 30 年，人民币对美元变化情况分析［EB/OL］. https：// xw. qq. com/cmsid/20201216 A01DSX00，2020 - 12 - 16.

704.18 万人。2020 年全国普通高校毕业生 874 万人，同比增加 40 万人。除了人才培养，我国对科研的重视程度也在不断提高（如图 4 - 2 所示），研究与试验发展（R&D）经费在国内生产总值中的占比从 21 世纪初的 0.89% 逐步增加，2016 年已经达到了 2.11%。国家统计局发布《2019 年全国科技经费投入统计公报》中显示，2019 年，全国共投入 R&D 经费 22143.6 亿元，比上年增加 2465.7 亿元，增长 12.5%；R&D 经费投入强度（与国内生产总值之比）为 2.23%，比上年提高 0.09 个百分点。2020 年全年 R&D 经费支出 24426 亿元，比 2019 年增长 10.3%，与国内生产总值之比为 2.40%（见图 4 - 2）。其中，基础研究经费 1504 亿元，比 2019 年增长 12.6%，持续保持较快增长。

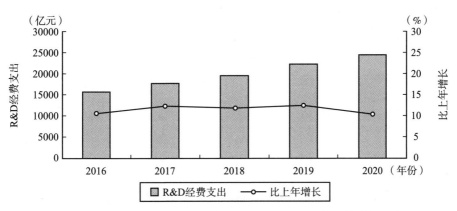

图 4 - 2　2016 ~ 2020 年研究与试验发展（R&D）经费及其增长速度
资料来源：国家统计局国家数据库。

随着科研和人才培养的投入力度加大，我国的研发能力显著提高（如表 4 - 8 所示），专利申请授权数合计从 2000 年的约 10 万件增加到了 2016 年的约 175 万件。2020 年 1 月 14 日国家知识产权局在京举办新闻发布会上集中发布了 2019 年专利、商标、地理标志、集成电路布图设计的年度统计数据：2019 年，中国主要知识产权指标总体平稳、稳中有进，知识产权质量效益持续提升。其中，发明专利申请量为 140.1 万件，共授权发明专利 45.3 万件。在国际贸易中我国高技术出口（主要包括医药、航空、电子等行业的出口）发展迅速（如图 4 - 3 所示），高技术出口交货值从 2000 年仅为约 3388 亿元增长到 2016 年的约 52445 亿元。2019 年中国高新技术产品出口金额为 730752114 千美元，同比下降 2.2%；2018 年中国高新技术产品出口金额为 746866050 千美元，同比增长 11.9%。① 根据国家发展改革委 2021 年 2 月发布的数据表明，2020 年我国高新技术产品出口 53692.4 亿元，同比增加 6.5%；进口 47160.3 亿元，同比增加 7.2%。②

表 4 – 8　　　　我国历年高校毕业生人数及主要科研投入产出指标

年份	普通高等学校毕业生数（万人）	R&D 经费与国内生产总值之比（%）	专利申请授权数合计（件）	高技术出口交货值（亿元）
1995	80.5	0.5736	45064	1125.23
2000	94.98	0.89	105345	3388.38
2005	306.8	1.3079	214003	17635.9745
2008	511.95	1.4447	411982	31503.94
2009	531.1	1.6621	581992	29435.3
2010	575.42	1.7099	814825	37001.6
2011	608.16	1.7754	960513	40600.3317
2012	624.7	1.9058	1255138	46701.1
2013	638.721	1.9902	1313000	49285.1
2014	659.3671	2.0211	1302687	50765.2
2015	680.8866	2.0671	1718192	50923.1256
2016	704.18	2.1103	1753763	52444.6066

资料来源：国家统计局国家数据库、EPS 数据库。

---

① 2019 知识产权主要数据发布：主要指标稳中有进　知识产权质量效益持续提升 [EB/OL]. https：//www.chinatradenews.com.cn//content/202001/15/c98130.html，2020 – 01 – 15.

② 2020 年我国高新技术产品进出口情况 [EB/OL]. https：//www.ndrc.gov.cn/fggz/jjmy/dwjm-jzcfx/202102/t20210225_1267938.html？code = &state = 123，2021 – 02 – 25.

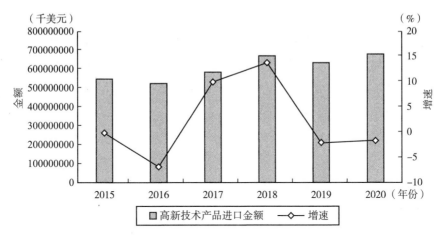

图 4－3　2015～2020 年 6 月中国高新技术产品出口金额及增速

资料来源：中国海关。

4.4　本章小结

本节从相对优势和绝对优势两个角度分析了我国各个行业的贸易竞争优势，并进一步讨论了我国核心生产要素的优势变化。

相对而言我国劳动密集型商品的竞争优势明显，能源密集型商品和资源密集型商品的竞争力较弱，但是从 2012 年左右开始，我国劳动密集型商品竞争优势开始缩小；初级产品的竞争优势出现了一定程度的下滑，而工业制成品的竞争优势相对稳定。从国际市场的表现来看，我国初级产品的出口增长率优势指数偏低，而工业制成品的出口增长率优势指数在我国加入世界贸易组织后出现了明显改善；从资本结构的角度来看，我国资本密集型产品的出口增长率优势指数相对较高，能源和资源密集型产品的出口增长率优势指数比较低。但是在 2008 年金融危机之后不同类型商品的表现出现了分化，我国工业制成品的出口增长率优势指数开始下降，而初级产品的出口增长率优势指数逐渐提高；从资本结构来看，金融危机后我国劳动密集型产品如"杂项制品"等竞争优势有所提高，而"机械和运输设备"等资本密集型商品的竞争优势开始有所削弱。

近年来在国际贸易中我国生产要素的优势也出现了新的变化，我国就业人口数量增速下降，第二产业就业人口数量出现了负增长，劳动力供给开始趋紧；随着我国经济的高速增长，我国劳动力工资水平也提高较快，劳动力成本压力增加；除了劳动力供给趋紧、劳动力成本上升之外，人民币对美元的汇率也从 2005 年人民币汇率形成机制进行改革后逐步提高。尽管劳动力成本和汇率上升较快，但我国劳动力的技术水平上升，科研投入比重增加，研发能力不断提高。

第 5 章

贸易强国指标体系构建及特征分析

5.1 贸易强国指标体系的分析

5.1.1 关于贸易强国内涵的讨论

随着特定历史时期经济背景的变化，贸易强国的标准和要求也处于动态演变的过程中（张亚斌等，2007）。传统的贸易强国评价主要从产品视角出发，重点关注的是国际贸易的规模和效益情况，比如重农主义关注的是农产品出口规模，重商主义关注的顺差规模（裴长洪等，2017）。贸易强国评价指标体系的构建也以贸易规模和效益指标为重点，规模越大国际竞争力就越强，主要包括了进出口总额及增长率、贸易顺差等指标。但是随着国际贸易的深入发展，传统产业结构的国际梯度转移逐渐演变为增值环节的梯度转移，从以产品为界限的国际分工发展为基于同一产品价值增值链上不同阶段或业务性质的国际分工，形成了一个分工明确、联系密切的全球生产网络体系（Ernst et al.，2002）。

基于价值链的国际贸易逐渐占据了市场的主导地位，贸易规模和贸易增加值的背离越来越明显，仅从贸易规模已经不能准确判断贸易国的实力。一些贸易规模较大的国家事实上可能处于价值链的低端，如加工商或经销商等，在国际贸易中获得的利益比重并不高。而一些具备资金、技术优势的国家控制了价值链的高端环节，凭借在研发、技术及品牌等方面的优势能够获得更多的贸易附加值。

价值链主要可以分为技术研发、生产、营销三个环节，其中技术研发环节主要涉及研究开发、技术改进、创意设计等业务，生产环节包括采购、生产、加工、包装等业务，营销环节包括销售、推广及售后服务等业务。在全球生产网络中，通过跨国公司内部、跨国公司之间以及跨国公司和本地公司之间的交易协调，基于价值链不同环节的分工形成了一个更加高效的研发设计—生产—营销—使用的联系与反馈链接。

从价值增值的能力来看，研发、营销环节的增值能力显著高于生产环节，目前价值链的高端环节仍然集中在发达国家手上。具有资本和技术优势的发达国家跨国企业将核心业务定位于研发和品牌营销，攫取了发展中国家出口商品中的大多数增加值。而一些新兴发展中国家通过参与价值链低端的加工组装环节迅速扩大了贸易规模，但实际上获得的增加值有限。因此，除了具有一定贸易规模，贸易强国还应该在产业链上表现出足够的控制力，具有较强的技术能力和品牌影响力。

在价值链国际分工的背景下，除了境内的研发、生产及营销能力，全球范围内资源配置的能力在国际贸易中的重要性日益突出。通过建设生产经营的国际网络体系，能够更加充分地利用全球资源，提升经济体的运营效率，并且也有助于将国内生产能力向国际消费市场的转化。因此，贸易强国在国际资本流动、跨国公司发展等方面也应该具有一定的领先优势。

综合来看，贸易强国在国际贸易中应该表现出"显性"实力，整体而言在国际市场上有一定影响力，在价值链上具有充分话语权，进出口贸易的绩效良好；同时，贸易强国在国际贸易内在驱动力方面也存在优势，关键要素资源丰富，生产效率较高，具备持续领先的潜力。

5.1.2 基于国际竞争新优势的贸易强国指标体系构建

根据贸易强国发展的核心要求，结合当前国际贸易竞争的新趋势，本章从国际市场地位和核心资源两个维度，选取了贸易规模、贸易绩效、市场影响力、研发创新能力等方面的指标构建贸易强国指标体系（见表 5 - 1）。国际市场地位方面主要关注贸易强国的显性表现，主要包括贸易规模和贸易绩效的相关指标，比如出口总额占世界出口总额比重、贸易顺差等。核心资源重点关注的是贸易强国发展的核心驱动因素，主要包括市场影响力、生产效率、研发创新能力的相关指标，比如世界 500 强企业数、万美元国内生产总值能耗、创新指数等。

表 5 - 1 贸易强国指标体系

一级指标	二级指标	三级指标
国际市场地位	贸易规模	货物出口占世界比重
		服务出口占世界比重
		专利出口占世界比重
	贸易绩效	经常项目净额
		出口产品相对单位价值
核心资源	市场影响力	GVC 参与度
		OFDI 存量占世界比重
		世界 500 强企业数
	技术水平	每个就业者创造的国内生产总值
		万美元国内生产总值能耗
		高技术产品出口额在制成品出口额中的比重
		信息化发展指数
	研发能力	人均受教育年限
		全球创新指数
		研发经费支出在国内生产总值中的比重

5.1.2.1 贸易规模

为全面反映该国在国际贸易中的份额，这里主要考虑了货物和服务的贸易情况，基于当前国际竞争形势还考虑了专利权使用费和特许费的贸易情况。

选取的指标包括货物出口总额占世界货物出口总额的比重、服务出口总额占世界服务出口总额的比重、专利权使用费和特许费出口占世界专利权使用费和特许费总额的比重，以上原始数据均来自联合国贸易和发展会议数据库。

5.1.2.2　贸易绩效

经常项目净额即出口金额减去进口金额，贸易差额越大意味着在国际贸易中获得利益越多；净易货贸易条件指数（也就是出口产品相对价值），等于出口单位价值指数/进口单位价值指数，如果计算期内该指数相对于基期变大则意味着同等价值的出口商品可以交换到更多进口商品，该国在国际贸易中的条件趋于改善。经常项目净额数据来源于国际货币基金组织 BOP 数据库，净易货贸易条件指数的原始数据来源于世界银行 WDI 数据库。

5.1.2.3　市场影响力

对外直接投资（OFDI）的存量规模，数据来自联合国贸易和发展会议（UNCTAD）。对外直接投资的存量规模能够反映该国在全球范围内进行配置资源的潜力，通过对外直接投资的形式能够进一步密切产业价值链之间的联系，提升产品竞争力。

全球 500 强企业拥有数量，数据来源为美国《财富》杂志（主要按照营业额来排序）。跨国企业是组织全球生产分工的核心单位，当前国际贸易中的竞争在很大程度上就集中体现在这些跨国企业之间的竞争。

全球价值链（GVC）参与度指数，等于（间接附加值出口＋国外附加值出口）/总出口（参考 Koopman et al.，2010），原始数据来源为 OECD-WTO 附加值贸易数据库。GVC 参与度反映了一国参与全球生产分工的程度，数值越高该国在全球生产分工中就越活跃。

5.1.2.4　技术水平

这里首先从产值和资源利用的角度考虑了衡量技术水平的指标，包括每个就业者创造的国内生产总值，产值越高意味着劳动生产效率的弹性更大，能够扩大国际贸易的产品品类或服务的市场半径；单位 GDP 能耗，用万美元国内生产总值能耗（吨标准油）来衡量，单位 GDP 能耗值越小，则意味着生产环节的环保水平就越高。每个就业者创造的国内生产总值、万美元国内生产总值能耗的原始数据均来源于世界银行 WDI 数据库。

高技术出口产品出口额占制成品出口额的比重，这里高技术出口品主要是指航空、计算机、医药、科学仪器和电气设备等技术含量密集的商品，该指标数据来源于世界银行 WDI 数据库。

信息化水平，这里利用信息与通信技术发展指数（ICT development index，IDI）的排名来衡量。该指标数据由国际电信联盟发布，主要从信息获取、使用和技能等方面选取指标，核心指标包括互联网用户的平均带宽、拥有计算机家庭数量的占比、接入互联网家庭数量的占比等。

人力资本是驱动经济发展的核心生产要素，这里利用平均受教育年限和百万人口中研发人员的数量来衡量人力资本的基本状况。平均受教育年限指标来源于联合国开发计划署发布的《人类发展报告》，该指标将各国 25 岁及以上人口已经获得的文化程度转换成了理论教育年限的平均值。

5.1.2.5 创新能力

这里主要利用全球创新指数（global innovation index，GII）排名和研究与发展经费支出占国内 GDP 的比重来衡量创新能力。GII 数据包括投入产出两个方面的 81 个指数，系统全面地评价了国家的创新体系，由世界知识产权组织（WIPO）、美国康奈尔大学和英国国际商学院联合发布。研究与试验发展经费支出主要包括基础研究、应用研究和科学实验活动方面的支出，原始数据来源于 WDI 数据库。

5.2 基于贸易强国指标体系的贸易特征分析

5.2.1 样本国家的贸易规模特征分析

为了保证结论的可靠性、代表性，基于贸易强国的评价指标体系，结合数据的完整性和统计口径的一致性，这里从发达国家和发展中国家中选取了 20 个国家并考察了其国际贸易发展情况，其中发达国家包括美国、德国、日本、韩国等，发展中国家除了中国之外还包括印度、巴西等。根据表 5 - 2 中主要国家

表5-2

2017年主要国家的贸易规模

国家	货物出口总额（亿美元）	货物出口份额比重（%）	货物出口排名	服务出口总额（亿美元）	服务出口份额比重（%）	服务贸易出口排名	服务出口占世界比重（%）	服务出口排名	专利出口（亿美元）	专利出口份额比重（%）	专利出口排名
澳大利亚	188565.00	1.17	19	49118.00	20.67	10	1.02	16	894.21	0.29	12
巴西	190092.00	1.18	17	33778.00	15.09	17	0.70	19	375.10	0.12	16
波兰	190634.00	1.18	17	43447.00	18.56	11	0.90	17	345.01	0.11	17
德国	1308278.00	8.12	3	252199.00	16.16	14	5.32	4	13802.01	4.49	6
俄罗斯	341467.00	2.12	13	51791.00	13.17	18	1.07	15	665.79	0.22	13
法国	511856.00	3.18	6	240436.00	31.96	3	4.97	5	14060.72	4.57	5
韩国	548933.00	3.41	5	97877.00	15.13	16	2.02	12	5167.10	1.68	7
荷兰	476457.00	2.96	7	180185.00	27.44	6	3.73	6	19692.83	6.41	3
加拿大	409943.00	2.54	10	77540.00	15.91	15	1.60	13	4321.00	1.41	8
马来西亚	175731.00	1.09	20	34844.00	16.55	13	0.72	18	75.79	0.02	20
美国	1513453.00	9.39	2	710171.00	31.94	4	14.69	1	130362.00	42.41	1
墨西哥	381198.00	2.37	11	22609.00	5.60	20	0.47	20	193.57	0.06	19
日本	569973.00	3.54	4	162173.00	22.15	9	3.35	7	36876.76	12.00	2
泰国	212136.00	1.32	16	60643.00	22.23	8	1.25	14	212.14	0.07	18
西班牙	277940.00	1.72	14	118044.00	29.81	5	2.44	10	1439.51	0.47	11
新加坡	377050.00	2.34	12	139611.00	27.02	7	2.89	9	3778.94	1.23	9
意大利	450262.00	2.79	8	99651.00	18.12	12	2.06	11	3392.72	1.10	10

续表

国家	货物出口总额（亿美元）	货物出口份额比重（%）	货物出口排名	服务出口总额（亿美元）	服务出口份额比重（%）	服务贸易出口排名	服务出口占世界比重（%）	服务出口排名	专利出口（亿美元）	专利出口份额比重（%）	专利出口排名
印度	272159.00	1.69	15	155840.00	36.41	2	3.22	8	658.72	0.21	15
英国	436308.00	2.71	9	349075.00	44.45	1	7.22	2	18194.87	5.92	4
中国	2142754.00	13.30	1	286540.00	11.80	19	5.93	3	676.40	0.22	13

资料来源：《国际统计年鉴 2018》，联合国贸易和发展会议数据库。

的贸易规模情况可以看到，国际贸易中的集中度还是比较高的，这些国家的货物出口、服务贸易出口在国际市场上的份额和接近70%。在货物出口方面，中国、美国、德国的出口总额明显超过其他国家，市场份额分别达到13.30%、9.39%、8.12%；日本、韩国、法国、意大利、英国等主要发达国家在货物贸易中也占据了重要地位，市场份额均在3%左右。

在服务贸易方面，英国、法国、美国等发达国家的服务贸易在出口中比重较高，不过韩国、日本等国出口还主要集中在货物贸易方面。发展中国家除印度之外服务贸易的比重均偏低，中国、巴西、马来西亚等国的服务贸易比重均低于20%。从服务贸易的市场份额来看，美国、英国、德国以及中国的市场份额均在5%，而墨西哥、巴西、马来西亚等发展中国家的市场分配较低，约在1%左右。从专利出口情况来看，美国、日本等发达国家的优势更加突出，中国、印度等新兴发展中国家的专利出口市场份额非常有限。

5.2.2　样本国家的贸易绩效及影响力分析

在贸易绩效方面，本书主要考虑了经常项目净额和出口产品相对价值两个指标。如表5-3所示，从经常项目净额来看，2017年德国、中国、韩国等西欧国家和东亚国家的净额规模较大，美国、英国、巴西等发达国家及发展中国家规模赤字规模较大。结合出口产品相对单位价值情况来看，发达国家的价值普遍较高，日本、英国、美国等价值排名靠前，在国际贸易中的条件趋于改善，而韩国、澳大利亚的排名相对靠后，在国际贸易中面临的压力比较大；发展中国家普遍的相对价值偏低，贸易净额较大的中国在国际贸易中面临的挑战尤为严峻，但印度、巴西的相对价值还比较高，其贸易环境趋于改善。

表5-3　　　　　　　　2017年主要国家的贸易绩效

国家	经常项目净额 （亿美元）	排名	出口产品相对单位价值 （亿美元）	排名
澳大利亚	-440.6	17	1	19
巴西	-1041.8	19	1.55	6
波兰	-111.2	12	1.09	17
德国	2813	1	1.57	5

续表

国家	经常项目净额（亿美元）	排名	出口产品相对单位价值（亿美元）	排名
俄罗斯	575.1	5	1.02	18
法国	-314.7	15	1.52	8
韩国	843.7	3	1.27	12
荷兰	781.7	4	1.49	9
加拿大	-405.6	16	1.33	10
马来西亚	148.5	10	1.21	14
美国	-3920.7	20	1.65	3
墨西哥	-262.5	13	1.3	11
日本	360.2	8	2.06	1
泰国	154.2	9	1.23	13
西班牙	128.1	11	1.2	16
新加坡	535.2	6	1.21	14
意大利	385.1	7	1.55	6
印度	-274.5	14	1.6	4
英国	-565.8	18	1.97	2
中国	2774.3	2	0.9	20

资料来源：《国际统计年鉴 2018》、BOP 数据库、WDI 数据库。

根据表 5-4 中主要国家的市场影响力指标，从 GVC 参与度指数来看，新加坡、韩国、马来西亚在全球生产分工中最为活跃，中国的 GVC 参与度指数相对也比较高，贸易规模较大国家如美国、日本等均偏低。从 OFDI 的存量规模来看，美国的领先优势突出，市场份额达到了 23.89%；德国、英国、日本、法国等发达国家的 OFDI 存量规模也较大，市场份额均超过了 5%；发展中国家里面中国的 OFDI 存量已经形成了一定规模，市场份额为 4.03%，其他贸易规模较大的发展中国家如印度、巴西等其 OFDI 存量还处于一定较低水平。作为组织全球生产分工的核心单位，跨国企业在一定程度上体现了国家在国际贸易市场中的影响力。从世界 500 强企业的数量来看，美国、日本、法国、德国等对外投资大国的企业数量最大，中国在 OFDI 存量规模不大的情况下更多地凭借国内市场也产生了相当多的大型企业，印度、巴西、马来西亚等其他发展中国家的世界 500 强企业数量还是偏少。

表 5 - 4   2017 年主要国家的市场影响力指标

国家	GVC 参与度	排名	OFDI 存量占世界比重（%）	排名	世界 500 强企业数	排名
澳大利亚	14.1	18	1.58	12	8	12
巴西	10.77	20	0.72	15	7	13
波兰	32.39	5	0.11	20	1	19
德国	25.54	10	7.24	2	28	5
俄罗斯	13.72	19	1.01	14	5	15
法国	25.13	11	5.25	4	29	4
韩国	41.7	2	1.11	13	15	7
荷兰	20.05	15	4.29	7	12.5	8
加拿大	23.47	13	4.31	6	11	9
马来西亚	40.62	3	0.55	17	1	19
美国	15.03	16	23.89	1	134	1
墨西哥	31.71	7	0.61	16	2	17
日本	14.68	17	4.9	5	52	3
泰国	38.99	4	0.27	19	1	19
西班牙	26.88	8	1.89	10	9	10
新加坡	41.81	1	2.5	9	3	16
意大利	26.49	9	1.86	11	9	10
印度	24.1	12	0.55	17	7	13
英国	23.05	14	6.14	3	25.5	6
中国	32.16	6	4.03	8	103	2

资料来源：《国际统计年鉴 2018》、联合国贸易和发展会议、《财富》网站。

5.2.3　样本国家的生产效率和技术研发能力分析

根据表 5-5 的生产效率数据，从每个就业者创造的国内生产总值来看，新加坡、美国、法国等发达国家的排名领先，巴西、印度、中国等新兴发展中国家的劳动效率还是较低，就业者生产总值排名靠后。从万美元国内生产总值能耗来看，俄罗斯、中国、加拿大等能耗值较高，新加坡、意大利、英国等能耗值偏低。可以看到，GVC 参与度较高、贸易发达的新加坡生产效率较高，以能源出口为主的俄罗斯生产效率偏低。

表 5-5　　　　　　　　　　2017 年主要国家的生产效率

国家	每个就业者创造的国内生产总值（美元）	每个就业者创造的国内生产总值排名	万美元国内生产总值能耗	万美元国内生产总值能耗排名
澳大利亚	86972	5	1.3	7
巴西	29170	17	0.94	15
波兰	53737	14	1.11	10
德国	84050	7	0.92	16
俄罗斯	46903	15	2.16	1
法国	89701	3	1.03	11
韩国	68416	12	1.61	4
荷兰	85121	6	1.02	12
加拿大	82524	9	1.71	3
马来西亚	54169	13	1.29	8
美国	109314	2	1.35	5
墨西哥	39053	16	0.96	14
日本	72523	11	1	13
泰国	23853	18	1.33	6
西班牙	82548	8	0.8	17
新加坡	138815	1	0.62	20
意大利	87013	4	0.76	19

续表

国家	每个就业者创造的国内生产总值（美元）	每个就业者创造的国内生产总值排名	万美元国内生产总值能耗	万美元国内生产总值能耗排名
印度	14681	20	1.18	9
英国	76161	10	0.8	17
中国	21630	19	1.89	2

资料来源：《国际统计年鉴2018》、WDI数据库。

根据表5-6的相关技术指标，从高技术出口产品出口额占制成品出口额的比重来看，新加坡、韩国、马来西亚、法国、中国排名靠前，承接发达国家制造能力的马来西亚和中国显著提高了出口商品的技术含量；而俄罗斯、巴西、澳大利亚等资源出口型国家的高技术商品比重较低。从信息技术水平来看，韩国、英国、荷兰等处于领先地位，泰国、墨西哥、印度等发展中国家的信息化还比较落后，而中国作为发展中国家信息化程度已经达到了较高水平。

表5-6　　　　　　　　　　2017年主要国家的技术指标

国家	高技术产品出口占比（%）	高技术产品出口占比排名	信息化发展指数	信息化发展指数排名
澳大利亚	13.6	14	8.29	6
巴西	10.6	16	6.03	16
波兰	8.7	17	6.91	15
德国	16	11	8.22	7
俄罗斯	11.5	15	7.18	13
法国	26.1	4	8.12	9
韩国	26.9	3	8.93	1
荷兰	19.9	8	8.53	3
加拿大	14.9	13	7.76	11
马来西亚	43.9	2	5.9	17
美国	18.2	9	8.19	8

续表

国家	高技术产品 出口占比（%）	高技术产品出口 占比排名	信息化发展指数	信息化发展 指数排名
墨西哥	16	11	4.68	19
日本	16.7	10	8.47	5
泰国	20.4	7	5.36	18
西班牙	7	20	7.66	12
新加坡	47.2	1	8.08	10
意大利	7.2	19	7.12	14
印度	8.6	18	3.94	20
英国	20.7	6	8.75	2
中国	25.4	5	8.52	4

资料来源：《国际统计年鉴 2018》、WDI 数据库、国际电信联盟《衡量信息社会发展 2017》。

根据表 5-7 研发能力的相关指标，从全球创新指数来看，英国、荷兰、美国、新加坡的创新能力领先，中国在创新方面也表现不错，其他发展中国家如墨西哥、巴西、印度等创新指数排名靠后，发达国家在创新能力方面优势明显。从研发经费支出占国内 GDP 的比重来看，主要发达国家如韩国、日本、德国、美国的研发投入力度较大，而与巴西、印度等发展中国家相比，中国的研发投入还是具有一定优势。从人力资本角度来看，德国、英国、加拿大等发达国家的平均受教育年限均在 10 年以上，发展中国家中俄罗斯的平均受教育年限达到了 12 年，而巴西、中国、印度等出口大国的平均受教育年限均在 8 年以下，其中印度最低仅为 5.4 年。根据 2020 年 12 月教育部的公布的数据，我国目前劳动年龄人口平均受教育年限达到 10.7 年，新增劳动力接受过高等教育比例达到 50.9%、平均受教育年限达到 13.7 年。

表 5-7 **2017 年主要国家的研发能力指标**

国家	全球创新指数	全球创新 指数排名	研发经费 支出占比	研发经费支出 占比排名	平均受教 育年限	平均受教育 年限排名
澳大利亚	55.22	9	2.2	6	13	3
巴西	34.95	19	1.2	15	7.7	17

续表

国家	全球创新指数	全球创新指数排名	研发经费支出占比	研发经费支出占比排名	平均受教育年限	平均受教育年限排名
波兰	40.16	15	0.9	17	11.8	9
德国	57.05	6	2.9	3	13.1	1
俄罗斯	39.32	16	1.2	15	12	6
法国	53.59	11	2.3	5	11.1	11
韩国	56.26	7	4.3	1	11.9	7
荷兰	61.58	2	2	8	11.9	7
加拿大	55.73	8	1.6	11	13	3
马来西亚	45.98	14	1.3	12	10	14
美国	60.1	3	2.7	4	12.9	5
墨西哥	38.03	18	0.5	19	8.5	16
日本	53.97	10	3.6	2	11.5	10
泰国	38.1	17	0.5	19	7.3	19
西班牙	49.07	12	1.2	15	9.6	15
新加坡	59.36	4	2.2	6	10.6	12
意大利	46.4	13	1.3	12	10.1	13
印度	31.74	20	0.8	18	5.4	20
英国	62.42	1	1.7	10	13.1	1
中国	57.23	5	2	8	7.5	18

资料来源:《国际统计年鉴2018》、《全球创新指数2017》、联合国开发计划署《2017年人类发展报告》。

5.3　本章小结

在相关文献的基础上,本章进一步探讨了当前国际贸易市场环境下贸易强国的内涵,从贸易规模、贸易绩效、市场影响力、研发创新能力等方面选取指标构建了贸易强国指标体系。基于样本代表性和数据可得性,本章选取了美国、德国、日本、韩国等主要发达国家和中国、印度、巴西等主要发展中国家的贸易强国相关指标，分析了典型国家的贸易强国特征。从样本国家贸易特征的分析结果来看，贸易强国指标体系能够比较全面地反映各国的贸易状况。

从市场份额和市场影响力来看，中国在国际贸易中的市场份额领先，但其他发展中国家的出口份额有限，发达国家在国际贸易出口中仍然占据了主要份额；美国、日本等发达国家在国际贸易中的市场影响力也十分明显，OFDI 存量占比和世界 500 强数量较大，发展中国家如印度、巴西等 OFDI 存量占比和世界 500 强数量均偏小，而我国的 OFDI 存量占比和世界 500 强数量均比较靠前，体现了一定的市场影响力。

在贸易结构方面，在发达国家内部与发展中国家内部都存在一定的差异。在发达国家中，英国、法国、美国等服务贸易已经达到了较高水平，但是日本、韩国还是更多地以货物贸易为主；发展中国家的服务贸易比重普遍较低，多数占比在 20% 以下，而印度的服务贸易尽管规模不大，但是在出口中已经占据了较高份额。在贸易绩效上不同国家的差距更大，不少发达国家如美国、英国等都存在较大规模的贸易赤字，但其产品相对价值较高，贸易条件趋于改善；德国、韩国的贸易净额较大，并且德国贸易条件也相对不错，而韩国产品相对价值偏低，面临的压力较大。发展中国家产品的相对价值普遍偏低，在国际贸易中面临的形势还比较严峻。

从生产效率来看，新加坡、美国、法国等发达国家的劳动效率领先，能耗值更低，而发展中国家如巴西、印度、中国等劳动者产值较低、能耗偏低，生产效率与发达国家的差距较大。从技术创新情况来看，主要发达国家在信息化、创新能力、研发投入等方面也处于领先地位，而中国作为发展中国家在技术创新方面也取得了一定进展，在高技术出口产品比重、信息化水平、创新能力等方面均表现出较高水平，而其他发展中国家巴西、印度、墨西哥等在技术创新方面还相对落后。

| 第6章 |

基于主成分的贸易强国综合评价指标分析

6.1　多指标综合评价法

综合评价法指的是运用多个指标对多个参评单位进行评价的方法。综合评价是指某些企业通过多元化评价对企业的发展及方向进行一个综合的统计评价，从而来判断企业的走向和目标，这对任何一个企业或者行业发展都有很大好处，所以综合评价对市场及企业都有决定性作用。其基本思想是将多个指标转化为一个能够反映综合情况的指标来进行评价。如不同国家经济实力、不同地区社会发展水平、小康生活水平达标进程、企业经济效益评价等，都可以应用这种方法。

综合评价方法是综合评价的核心问题，是获取综合评价结论的重要途径和工具。据不完全统计，目前国内外综合评价方法有几十种甚至上百种之多。本章将重点讨论国内外一些常用的比较经典的方法，这些常用的综合评价方法大致可分为定性评价方法、定量评价方法、基于统计分析的评价方法、基于目标规划模型的评价方法及多种方法融合的综合评价方法等五类。

（1）定性评价方法。定性研究是评价者根据对评价对象的观察和分析，通过哲学思辨和逻辑分析，运用语言或文字来描述事件、现象和问题，并对评价对象的特征进行信息分析和处理。常用的定性评价方法有专家会议法、直接评分法和 Delphi 方法等。定性评价方法的特点是充分利用评价者（专家）的知识、经验、直觉或偏好直接对评价对象作出定性结论的价值判断，比如评价等级、评价分值或评价次序等。这类评价方法在战略层次的决策、不能或者难以量化的对象系统，或对评价的精度要求不是很高的对象系统中较常用。

（2）定量评价方法。定量评价方法是评价者围绕被评对象的特征，利用数据或语言等基础信息对被评对象进行综合分析和处理并获取评价结果的方法。在系统评价时，不仅要处理结构化、可定量等确定性因素和信息，而且还要处理大量非结构化、语言型、模糊、随机、灰色、贫数据等不确定性因素和信息。为了处理这些确定性和不确定性信息，产生了如层次分析法（AHP）、网络层次分析法（ANP）、模糊数学方法（包括模糊综合评价、模糊积分、模糊模式识别和模糊 ANP 等）、灰色关联分析法（rrey incidence analysis，GIA）、证据推理方法（evidential reasoning，ER）、可拓综合评价方法、熵权法（entropy analysis，EA）、人工神经网络分析方法（aritificial neural networks，ANN）等定量评价方法。这类方法在综合评价过程中应用相对比较广泛，因为它们基本囊括了一些可解决结构化和数据化等确定性信息的方法，也可解决一些非结构化、语言型、随机型、灰色、模糊等不确定性信息的方法。

（3）基于统计分析的评价方法。按理说，基于统计分析的评价方法也属于定量评价方法，将这类方法单列出来，是因为这类方法具有很强的统计学背景。综合评价最早可能起源于统计应用中，早期的简单加权思想（simple additive weighting，SAW）就是典型的基于统计分析的评价方法。经过发展，基于统计分析的评价方法常用的有主成分分析法（principal component analysis，PCA）、因子分析法（factor analysis）、聚类分析法等。基于统计分析的评价方法主要是利用相关变量之间的相关性或相似性来进行排序，其特点是需要依赖大量的统计数据作为支撑，该类方法比较适用于经济分析和统计分析中。

（4）基于目标规划模型的评价方法。基于目标规划模型的评价方法，主要是基于多目标决策和多属性决策的思想，利用运筹学中的目标规划模型，对评价方案进行择优的方法。常用的方法有 ELECTRE 方法、数据包络分析法（DEA）、Topsis 方法等。这类方法比较适合于多目标和多属性决策领域，其特点是择优而非排序。

（5）多方法融合的评价方法。上面介绍的都是单一的评价方法，多方法融合的评价方法是指利用不同评价方法在处理指标构建、指标赋权或评价信息上的不同特点和优势，将多个不同的评价方法同时运用于一个综合评价问题中，以提高综合评价的质量。主要包括组合赋权方法、细合评价方法（特指对多个不同评价方法获取的评价值的组合）、多个信息集成方法的融合方法，以及基于赋权方法和信息集成方法的融合方法等。

6.1.1 最有代表性的几种现代综合评价方法

6.1.1.1 主成分分析

主成分分析（principal component analysis，PCA），是一种统计方法。通过正交变换将一组可能存在相关性的变量转换为一组线性不相关的变量，转换后的这组变量叫主成分。

在实际研究中，为了全面分析问题，往往提出很多与此有关的变量（或因素），因为每个变量都在不同程度上反映这个课题的某些信息。主成分分析首先是由皮尔森（Karl Pearson）对非随机变量引入的，而后 H. 霍特林将此方法推广到随机向量的情形。信息的大小通常用离差平方和或方差来衡量。主成分分析是设法将原来众多具有一定相关性的指标，重新组合成一组新的互相无关的综合指标来代替原来的指标。

主成分分析，是考察多个变量间相关性的一种多元统计方法，研究如何通过少数几个主成分来揭示多个变量间的内部结构，即从原始变量中导出少数几个主成分，使它们尽可能多地保留原始变量的信息，且彼此间互不相关。通常数学上的处理就是将原来 P 个指标作线性组合，作为新的综合指标。最经典的做法就是用 F_1（选取的第一个线性组合，即第一个综合指标）的方差来表达，即 $\mathrm{Var}(F_1)$ 越大，表示 F_1 包含的信息越多。因此在所有的线性组合中选取的 F_1 应该是方差最大的，故称 F_1 为第一主成分。如果第一主成分不足以代表原来 P 个指标的信息，再考虑选取 F_2 即选第二个线性组合，为了有效地反映原来信息，F_1 已有的信息就不需要再出现在 F_2 中，用数学语言表达就是要求 $\text{Cov}(F_1, F_2) = 0$，则称 F_2 为第二主成分，依此类推可以构造出第三、第四……，第 P 个主成分。

6.1.1.2 数据包络分析

数据包络分析（data envelopment analysis，DEA）是运筹学、管理科学与数理经济学交叉研究的一个新领域。它是根据多项投入指标和多项产出指标，利用线性规划的方法，对具有可比性的同类型单位进行相对有效性评价的一种数量分析方法。DEA 方法及其模型自 1978 年由美国著名运筹学家查恩斯（A. Charnes）和库柏（W. W. Cooper）提出以来，已广泛应用于不同行业及部门，并且在处理多指标投入和多指标产出方面，体现了其得天独厚的优势。

通过明确地考虑多种投入（即资源）的运用和多种产出（即服务）的产生，它能够用来比较提供相似服务的多个服务单位之间的效率，这项技术被称为数据包络线分析（DEA）。它避开了计算每项服务的标准成本，因为它可以把多种投入和多种产出转化为效率比率的分子和分母，而不需要转换成相同的货币单位。因此，用 DEA 衡量效率可以清晰地说明投入和产出的组合，因此，它比一套经营比率或利润指标更具有综合性并且更值得信赖。

DEA 是一个线性规划模型，表示为产出对投入的比率。通过对一个特定单位的效率和一组提供相同服务的类似单位的绩效的比较，它试图使服务单位的效率最大化。在这个过程中，获得 100% 效率的一些单位被称为相对有效率单位，而另外的效率评分低于 100% 的单位称为无效率单位。

这样，企业管理者就能运用 DEA 来比较一组服务单位，识别相对无效率单位，衡量无效率的严重性，并通过对无效率和有效率单位的比较，发现降低无效率的方法。

6.1.1.3 模糊综合评价法

模糊综合评价法（fuzzy comprehensive evaluation method）是一种基于模糊数学的综合评价方法。该综合评价法根据模糊数学的隶属度理论把定性评价转化为定量评价，即用模糊数学对受到多种因素制约的事物或对象作出一个总体的评价。它具有结果清晰，系统性强的特点，能较好地解决模糊的、难以量化的问题，适合各种非确定性问题的解决。模糊综合评价法的步骤为：

第一，设定各级评价因素（F）。第一级评价因素可以设置为价格、商务、技术、伴随服务等（对于机电产品而言）；依据第一级评价因素的具体情况，如需要，设定下属的第二级评价因素。第一级评价因素"价格"可以不设置下属的第二级评价因素。（当然，也可以设置，如总价格的高低、价格组成的合理性、投标分项报价表的完整性、各项价格内容的清晰性等）第一级评价因素"商务"的下属第二级评价因素可以设置为交货期、付款条件和付款方式、质保期、业绩、信誉等。第一级评价因素"技术"通常需要设置下属的第二级评价因素，其内容视项目具体情况而定。第一级评价因素"伴随服务"的下属第二级评价因素可以设置为售后服务的响应时间、质保期后的售后服务收费标准、售后服务机构和人员、培训等；依据第二级评价因素的具体情况，如需要，还可设定下属的第三级评价因素；第一级评价因素价格、商务、伴随服务下属的第二级评价因素通常不需要再设置下属的第三级评价因素。第一级评价因素技术下属的第二级评价因素还有可能需要设置下属的第三级评价因素。

第二，确定评价细则——确定评价值与评价因素值之间的对应关系（函数关系）。

6.1.2 综合评价法的特点与要素

6.1.2.1 综合评价法的特点

（1）评价过程不是逐个指标顺次完成的，而是通过一些特殊方法将多个指标的评价同时完成的；

（2）在综合评价过程中，一般要根据指标的重要性进行加权处理；

（3）评价结果不再是具有具体含义的统计指标，而是以指数或分值表示参评单位"综合状况"的排序。

6.1.2.2 构成综合评价的要素

（1）评价者。评价者可以是某个人或某团体。评价目的的设定、评价指标的建立、评价模型的选择、权重系数的确定都与评价者有关。因此，评价者在评价过程的作用是不可轻视的。

（2）被评价对象。随着综合评价技术理论的开展与实践活动，评价的领域也从最初的各行各业经济统计综合评价拓展到后来的技术水平、生活质量、小康水平、社会发展、环境质量、竞争能力、综合国力、绩效考评等方面。这些都能构成被评价对象。

（3）评价指标。评价指标体系是从多个视角和层次反映特定评价客体数量规模与数量水平的。它是一个"具体—抽象—具体"的辩证逻辑思维过程，是人们对现象总体数量特征的认识逐步深化、求精、完善、系统化的过程。

（4）权重系数。相对于某种评价目的来说，评价指标相对重要性是不同的。权重系数确定的合理与否，关系到综合评价结果的可信程度。

（5）综合评价模型。所谓多指标综合评价，就是指通过一定的数学模型将多个评价指标值"合成"为一个整体性的综合评价值。

6.1.3　综合评价法的步骤

（1）确定综合评价指标体系，这是综合评价的基础和依据。

（2）收集数据，并对不同计量单位的指标数据进行同度量处理。

（3）确定指标体系中各指标的权数，以保证评价的科学性。

（4）对经过处理后的指标在进行汇总，计算出综合评价指数或综合评价分值。

（5）根据评价指数或分值对参评单位进行排序，并由此得出结论。

6.2　主成分测算的基本思路

本节将根据贸易强国评价指标体系对我国和美国等主要贸易参与国的贸易竞争力水平进行了评分排序。为减少数据信息丢失，确保少数指标即可以保留原始指标的大多数信息，这里利用了主成分分析方法，通过线性组合将多个贸易强国评价指标转换成为少数几个彼此独立的综合指标即主成分。

设 X_1，X_2，$\cdots$，X_p 为 p 个原始指标，通过线性组合可以转换为 p 个新指标即主成分 F_1，F_2，$\cdots$，F_p，$F = AX$：

$$\begin{cases} F_1 = u_{11}X_1 + u_{12}X_2 + \cdots + u_{1p}X_p \\ F_2 = u_{21}X_1 + u_{22}X_2 + \cdots + u_{2p}X_p \\ \qquad\qquad\qquad \vdots \\ F_p = u_{p1}X_1 + u_{p2}X_2 + \cdots + u_{pp}X_p \end{cases}$$

其中，$u_{i1}^2 + u_{i2}^2 + \cdots + u_{ip}^2 = 1$；$\mathrm{Cov}(F_i,\ F_j) = 0$，$i \neq j$；$\mathrm{Var}(F_1) \geqslant \mathrm{Var}(F_2) \geqslant \cdots \geqslant \mathrm{Var}(F_p)$。

根据上述假设，

$$\mathrm{Var}(F) = \mathrm{Var}(AX) = A\mathrm{Var}(X)A^T = A\sum_X A^T = \begin{bmatrix} \lambda_1 & & & 0 \\ & \lambda_2 & & \\ & & \ddots & \\ 0 & & & \lambda_p \end{bmatrix}$$

通过计算相关系数矩阵的特征值和特征向量即可得到主成分。

具体而言，主成分计算主要包括以下几个步骤：

（1）为消除量纲或数量级的影响，对原始数据进行标准化处理，即：

$$x_{ij} = \frac{x_{ij} - \overline{x_j}}{\sqrt{\mathrm{Var}(x_j)}}$$

其中，$\overline{x_j} = \dfrac{1}{n}\sum_{i=1}^{n} x_{ij}$，$\mathrm{Var}(x_j) = \dfrac{1}{n-1}\sum_{i=1}^{n}(x_{ij} - \overline{x_j})^2$；

（2）计算标准化后数据的相关系数矩阵 R；

（3）计算相关系数矩阵 R 的特征根及对应的特征向量；

（4）根据特征值大小排序，选择累积贡献率大于 85% 且特征值大约 1 的 m 个特征根，则特征根相对应的特征向量即为前 m 个主成分 F_1，F_2，$\cdots$，F_m 的系数；

（5）根据主成分系数 F_1，F_2，$\cdots$，F_m，基于主成分的方差贡献率 w_i 加权求和，则可以计算出综合评价得分：$F = w_1F_1 + w_2F_2 + \cdots + w_mF_m$。

6.3　基于主成分方法的贸易强国综合评价指标构建

按照上节介绍的分析思路，这里首先计算第五章中样本数据的相关系数矩阵，其中指标万美元国内生产总值能耗取负值，计算结果如表 6 - 1 所示。

表 6 - 1

相关系数矩阵

指标	货物出口占比	服务出口占比	专利出口占比	GVC参与度	出口产品相对单位价值	OFDI存量占比	世界500强企业数	每个就业者创造的国内生产总值	平均受教育年限	研发经费支出占比	万美元国内生产总值能耗	高技术产品出口额占比	全球创新指数	信息化发展指数	贸易顺差
货物出口占比	1	0.68579	0.460026	-0.036202	-0.01209	0.59926	0.86065	0.03691	0.06142	0.39564	-0.290417	0.09941	0.469172	0.4138	0.23928
服务出口占比	0.68579	1	0.868962	-0.245702	0.41342	0.93842	0.85722	0.36042	0.28447	0.37602	0.0217	0.07066	0.55158	0.41216	-0.38048
专利出口占比	0.46003	0.86896	1	-0.358216	0.43641	0.95683	0.77652	0.40036	0.35853	0.38199	0.004357	-0.00344	0.401333	0.29725	-0.63344
GVC参与度	-0.0362	-0.2457	-0.358216	1	-0.37632	-0.34111	-0.248421	-0.022952	-0.24885	-0.050164	0.068397	0.60367	-0.002834	-0.146414	0.36172
出口产品相对单位价值	-0.01209	0.41342	0.43641	-0.376317	1	0.39101	0.19212	0.18795	0.15664	0.2905	0.49618	-0.13863	0.19437	0.10322	-0.29243
OFDI存量占比	0.59926	0.93842	0.95683	-0.341114	0.39101	1	0.82172	0.45732	0.42001	0.39136	-0.01316	0.02512	0.52674	0.3969	-0.51529
世界500强企业数	0.86065	0.85722	0.77652	-0.248421	0.19212	0.82172	1	0.12993	0.12738	0.41926	-0.24721	0.04937	0.46088	0.40785	-0.22138
每个就业者创造的国内生产总值	0.03691	0.36042	0.40036	-0.022952	0.18795	0.45732	0.12993	1	0.69154	0.47736	0.394076	0.31913	0.7187	0.63935	-0.20044
平均受教育年限	0.06142	0.28447	0.35853	-0.24885	0.15664	0.42001	0.12738	0.69154	1	0.53038	-0.042542	0.05358	0.67777	0.73697	-0.11873
研发经费支出占比	0.39564	0.37602	0.38199	-0.050164	0.2905	0.39136	0.41926	0.47736	0.53038	1	-0.06558	0.2811	0.68682	0.74956	0.13423
万美元国内生产总值能耗	-0.290417	0.0217	0.004357	0.068397	0.49618	-0.01316	-0.247208	0.394076	-0.042542	-0.06558	1	0.035525	0.075191	-0.05527	-0.109216
高技术产品出口额占比	0.09941	0.07066	-0.00344	0.60367	-0.13863	0.02512	0.04937	0.31913	0.05358	0.2811	0.03553	1	0.39523	0.19257	0.1491
全球创新指数	0.469172	0.55158	0.401333	-0.002834	0.194365	0.526739	0.460881	0.718704	0.677772	0.686821	0.075191	0.395233	1	0.890308	0.093889
信息化发展指数	0.4138	0.41216	0.29725	-0.14641	0.10322	0.3969	0.40785	0.63935	0.73697	0.74956	-0.05527	0.19257	0.89031	1	0.16939
贸易顺差	0.23928	-0.38048	-0.63344	0.36172	-0.29243	-0.51529	-0.22138	-0.20044	-0.11873	0.13423	-0.109216	0.1491	0.093889	0.16939	1

利用 R 软件进行主成分分析，根据表 6 - 2 标准误、方差贡献率和累积贡献率的计算结果，按着累积方差贡献率超过 80% 的原则，确定主成分个数为 4。前 4 个主成分的标准误分别为 2.3394、1.6447、1.5061、1.2389，累积方差贡献率达到了 83.22%。

表 6-2　　　　　　　　标准误、方差贡献率和累积贡献率

项目	项目 1	项目 2	项目 3	项目 4	项目 5	项目 6	项目 7	项目 8
标准误	2.3394	1.6447	1.5061	1.2389	0.99812	0.7676	0.75656	0.53366
方差贡献率	0.3648	0.1803	0.1512	0.09582	0.07185	0.03928	0.03816	0.01899
累积贡献率	0.3648	0.5452	0.6964	0.83222	0.86407	0.90335	0.94151	0.96049
项目	项目 9	项目 10	项目 11	项目 12	项目 13	项目 14	项目 15	—
标准误	0.51366	0.37505	0.27728	0.22868	0.19219	0.138	0.05411	—
方差贡献率	0.01759	0.00938	0.00513	0.00349	0.00246	0.00127	0.0002	—
累积贡献率	0.97808	0.98746	0.99259	0.99607	0.99854	0.9998	1	—

根据表 6 - 3 关于主成分的因子载荷，可以看到主成分 1 的因子载荷主要集中在货物出口占世界比重、OFDI 存量占世界比重、世界 500 强企业数等集中体现市场影响力指标以及全球创新指数、信息化发展指数等创新能力的指标上；主成分 2 的因子载荷主要集中在服务出口占世界比重、专利出口占世界比重等市场份额指标上；主成分 3 的因子主要集中每个就业者创造的国内生产总值、万美元国内生产总值能耗等生产效率指标上；主成分 4 的因子主要集中 GVC 参与度、贸易顺差等贸易绩效指标上。

表 6-3　　　　　　　　　　主成分的因子载荷

指标	主成分 1	主成分 2	主成分 3	主成分 4
货物出口占世界比重	0.23613	− 0.1633	− 0.43536	0.180745
服务出口占世界比重	0.16602	0.27073	0.18778	0.218084
专利出口占世界比重	0.24403	0.35508	− 0.15937	0.154439
GVC 参与度	− 0.12723	− 0.34969	0.12311	0.512129

续表

指标	主成分 1	主成分 2	主成分 3	主成分 4
出口产品相对单位价值	0.18212	0.12372	0.20709	0.247153
OFDI 存量占世界比重	0.36981	0.18762	−0.17414	0.145921
世界 500 强企业数	0.3105	0.04822	−0.40223	0.202783
每个就业者创造的国内生产总值	0.29354	−0.09384	0.36648	−0.026953
平均受教育年限	0.28512	−0.12132	0.29118	−0.141992
研发经费支出占比	0.30279	−0.23782	0.03416	−0.102499
万美元国内生产总值能耗	0.02422	0.17479	0.47628	0.224156
高技术产品出口额占比	0.07399	−0.33813	0.36185	0.307891
全球创新指数	0.35707	−0.25297	0.13483	−0.008043
信息化发展指数	0.32959	−0.27654	0.0878	−0.255987
贸易顺差	−0.12029	−0.1527	−0.03379	0.18753

6.4 贸易强国综合评价的结果分析

根据前文介绍的测算思路，基于四个主成分后计算各个观测的主成分数值，以主成分的方差贡献率为权重求和得到观测的综合评价结果，测算结果如表 6-4 所示。根据主成分 1 的得分排序，综合市场影响力和创新能力来看，发达国家占据了明显优势，美国、日本、英国、德国排名领先，作为发展中国家我国的排名也相对靠前。从主成分 2 的得分排序来看，在市场份额方面美国、中国、日本排名领先；从主成分 3 的得分排序来看，在生产效率方面中国还相对偏低，新加坡、英国等排名靠前；从主成分 4 的得分排序来看，在贸易绩效方面新加坡、美国、日本以及中国相对排名靠前。基于四个主成分的得分情况，加权求和得到贸易强国评价指标的综合得分，可以看到美国、日本、德国在国家贸易中的竞争力突出，我国得分排名居中，综合竞争力表现相对较好。

表 6－4　基于主成分的贸易强国评价指标综合得分

国家	主成分 1	得分排名	主成分 2	得分排名	主成分 3	得分排名	主成分 4	得分排名	综合得分	综合得分排名
澳大利亚	0.3399502	10	-0.4012317	14	0.53551335	7	-2.0027089	19	0.5922	9
巴西	-2.1721568	17	-3.0714463	17	-0.52553594	16	-0.6053993	13	-1.6001	17
波兰	-1.8257371	16	0.1670617	10	-2.25428191	19	-0.6651343	16	-0.7581	16
德国	1.6948714	4	0.6892342	5	-0.08367108	12	-0.6462083	15	1.0983	3
俄罗斯	-1.5682194	14	-0.2674443	12	-1.70904539	18	-2.2854091	20	-0.3326	12
法国	1.2612601	6	0.082866	11	1.00760416	4	0.4140606	8	0.5199	11
韩国	0.7595713	8	-2.8575665	19	0.11797174	11	-0.2179811	10	1.2784	6
荷兰	1.2833893	5	-0.3069687	13	1.0376899	3	-0.6102893	14	0.6877	7
加拿大	0.3473266	9	-0.4475488	15	-0.16615059	13	-1.3936022	18	0.5447	10
马来西亚	-1.7887892	15	-1.2515442	16	0.52576225	8	-0.7312089	17	-0.5260	15
美国	6.5678289	1	2.9618629	1	0.21529977	10	1.2739409	4	2.1814	1
墨西哥	-2.9768656	18	-1.5405031	17	-0.57089473	17	0.6126788	7	-1.6049	18
日本	2.2766689	2	2.2126765	3	0.30499454	9	1.7270328	2	0.8010	2
泰国	-3.0929656	19	0.4105961	9	-0.47353659	15	1.3739771	3	-1.6741	19
西班牙	-0.6728864	13	0.5505642	8	0.99878086	5	-0.2581377	11	-0.4729	13

国家	主成分 1	得分排名	主成分 2	得分排名	主成分 3	得分排名	主成分 4	得分排名	综合得分	综合得分排名
新加坡	0.324541	11	-2.1577283	18	2.7953542	1	2.0158464	1	0.8730	4
意大利	-0.6717372	12	0.5968962	7	0.79006391	6	-0.4160468	12	-0.5074	14
印度	-3.1495773	20	0.6681202	6	-4.18593267	20	1.1924112	5	-2.5153	20
英国	2.2328029	3	1.1544621	4	2.0693375	2	0.1418715	9	0.8081	5
中国	0.7307239	7	2.8076418	2	-0.42932329	14	1.0803066	6	0.6068	8

第 7 章

结论及政策建议

7.1 主要研究结论

7.1.1 国际贸易形势严峻，我国国际贸易面临较大挑战

自 20 世纪 90 年代以来国际贸易市场发展迅速，各国之间的贸易往来日趋密切。但在 2008 年全球金融危机之后，各国经济发展出现不同程度的困境，进而导致国际贸易市场的需求下降，贸易环境开始恶化。近几年国际贸易市场有所恢复，但是各主要贸易国均加大了对国内企业的支持力度，实施了更加严格的国际贸易保护措施，贸易保护主义重新抬头，贸易摩擦频繁出现，国际贸易面临较大压力。

改革开放尤其是加入世界贸易组织之后，我国在国际贸易市场中的影响力不断增加，迅速发展成为全球最大的贸易国之一。但是我国国际贸易的地区结构不平衡，对外贸易过度依赖美国、

欧盟和日本等发达国家市场，近几年在国际经济不景气的背景下我国的国际贸易增速也明显放缓。另外，经过多年经济发展，我国要素资源日益紧张，传统出口产品的增长出现瓶颈，长期累积的贸易顺差也导致我国在国际贸易中受到了进口国的较大压力。因此，在发达经济体需求低迷、国内要素成本上升以及印度、越南等新兴经济体压力增加的背景下，我国国际贸易发展面临着严峻挑战。

7.1.2 我国传统商品竞争优势缩小，技术研发实力明显增强

总体而言在国际贸易市场中我国工业制成品存在一定的竞争优势，劳动密集型商品的竞争优势更加明显，但近几年来我国劳动密集型商品的优势出现了缩小的迹象。加入世界贸易组织后，我国工业制成品在国际市场上的份额快速增加，资本密集型产品的出口增长率优势指数相对较高，但在金融危机后，我国资本密集型产品的出口增长率优势指数相对下降，资本密集型商品的竞争优势有所削弱。

我国劳动力供给开始趋紧，劳动力成本上升加快，人民币逐步升值到相对高位，但是我国人口受教育水平显著提高，大学毕业生人数不断增加；科研投入比重也明显增加，研发能力快速提高，专利申请授权数量屡创新高，高技术行业的出口已经达到了一定规模。

7.1.3 我国在国际贸易市场的参与度和影响力较高，但效率有待提升

我国和美国、日本等发达国家以及在国际贸易中占据了主要市场份额，对外投资活跃，市场影响力较大，而其他发展中国家的市场份额有限，OFDI存量占比和世界 500 强数量偏少，市场影响力有限。

在贸易结果方面，发达国家和发展中国家还是存在着明显差异，主要发达国家如英国、法国、美国等国的服务贸易水平较高，日本、韩国以货物贸易为主，而发展中国家的服务贸易比重普遍较低。美国、英国等发达国家贸易赤字规模较大，但其产品相对价值较高，贸易条件趋于改善；德国、韩国的贸易净额较大，并且德国贸易条件也相对不错，但韩国产品相对价值偏低，

面临的压力较大；而发展中国家贸易商品的相对价值普遍偏低，贸易形势还比较严峻。从生产效率来看，我国和巴西、印度等发展中国家的劳动者产值较低，能耗偏高，生产效率与美国、法国、新加坡等发达国家存在较大差距；主要发达国家在信息化、创新能力、研发投入等技术创新方面也处于领先地位，作为发展中国家，我国在高技术出口产品比重、信息化水平、创新能力等方面均表现出较高水平，而其他发展中国家巴西、印度、墨西哥等还相对落后。

7.1.4 我国贸易强国评价综合得分排名居中，但发展短板明显

本书讨论了当前国际竞争形势下贸易强国内涵，从贸易规模、贸易绩效、市场影响力、研发创新能力等方面选取指标构建了贸易强国指标体系。通过分析美国、德国、日本、韩国等主要发达国家和中国、印度、巴西等主要发展中国家的评价得分，总体而言我国排名居中，在生产效率等方面差距也比较明显。具体而言，在综合市场影响力和创新能力方面，发达国家占据了明显优势，美国、日本、英国、德国排名领先，我国作为发展中国家排名也相对较高；在市场份额方面我国和美国、日本排名领先；在生产效率方面我国得分偏低，新加坡、英国等排名靠前；在贸易绩效方面，我国和新加坡、美国、日本的得分较高。

可以看到，就数量指标而言我国在很多方面在国际贸易市场上处于领先地位，综合排名较高，但是在贸易绩效等方面与主要贸易强国还存在较大差距。因此，在传统竞争优势逐步缩小的背景下，为加快从贸易大国向贸易强国发展的进程，我国还需要进一步转变贸易增长方式，培育贸易竞争新优势。

7.2 培育竞争新优势、加快贸易强国建设的政策建议

在国内外经济贸易环境发生重大变化的历史背景下，加快培育竞争新优势，推动我国向贸易强国转变对于我国经济的持续健康发展具有重要意义。

根据本书分析可以看到，与主要贸易强国相比，我国在技术创新、市场影响等方面的差距较大，需要加快培育我国在技术、品牌等方面的综合竞争优势，发展服务贸易和资本输出，积极参与国际贸易规则制定，推动我国国际贸易的质量效益升级。

7.2.1 加快培育企业的国际贸易竞争新优势

随着劳动力成本上升等因素带来的要素禀赋优势缩小，我国企业亟待在技术、品牌等方面形成新的竞争优势，推动企业向产业价值链的高端爬升。

第一，加大创新投入，加快基础学科创新能力建设。贸易强国的首要基础就是创新强国，背靠国内的广阔市场，我国在创新技术应用方面已经取得了较大成就，但是在很多基础技术和核心技术方面，我国与欧美发达国家还存在明显差距。必须加快完善我国科技创新体系，打造技术研发投入的长效激励制度。促进传统贸易行业的技术改造和升级，增加劳动密集型商品的技术含量，扩大我国传统贸易商品在国际市场上的领先优势。支持企业在技术创新方面的投入，鼓励企业以进口、并购等多种形式引进消化吸收国外先进技术，构建以企业为主体、适应市场需求的技术创新体系。人才是技术创新的关键，政府要引导企业重视人才培养工作，完善人才引进的机制设计，吸引更多高新技术人才。

第二，引导企业国际化品牌的建设，加大国内品牌在海外的推广力度，提升品牌增值效应。在世界品牌 500 强、全球创新企业 100 强等榜单中，中国企业的数量与中国整体的经济规模、国际贸易规模均不匹配，我国还需要更多类似华为等具有全球品牌影响力的企业。鼓励企业提高产品质量标准，构建产品追溯体系；完善服务保障支持体系和售后服务标准，提升售后服务质量，不断提高海外客户对我国品牌的认知度和满意度。

第三，继续坚持市场化改革，为企业营造更加公平的经营环境。市场化改革是我国经济发展的核心驱动力之一，资源配置、商品流动等方面市场化改革的深入不断推进着我国经济的发展。但是随着市场化改革进入了深水区，一些计划经济色彩浓厚的制度与市场运营机制的矛盾更为凸显，迫切需要进一步减少非市场行为对经济运行的非正常干预，优化企业经营环境。

7.2.2　加快国际贸易的结构调整

我国国际贸易市场以欧美发达国家为主，拉美等新兴市场国家的比重偏低，需要全面评估各区域的社会经济发展状况，支持企业在新兴市场国家的拓展，推动我国国际贸易市场的多元化；鼓励龙头企业提高跨国资源配置整合能力，重视创新型中小企业在国际贸易市场中的作用，实现不同类型企业在国际市场上的协调发展；将我国劳动密集型商品在国际市场上的份额优势转化为竞争优势，进一步提升信息技术、新能源等新兴产业在国际市场上的竞争力，优化我国出口的商品结构。

加快研发等科技服务业的发展，提高金融、创意等新兴服务业的水平，推进国内服务市场建设；加快国内加工贸易企业的转型升级，支持国内企业在品牌、研发等价值链上游的拓展、延伸，提高我国服务贸易在国际贸易中的综合竞争力。

7.2.3　推进国际贸易领域的制度改革

在对外开放方面，从关税水平来看，我国贸易加权平均关税在 2015 年就已经下降到了 4.4%，贸易加权平均关税与美欧等发达经济体已经相差不大，基本上与主要发达国家的关税水平相统一。2020 年中国继续对 16 个协定、23 个国家或地区实行协定税率，本次关税调整方案的税率调整方式体现出多样性，还是原品牌更有吸引力一些，通过降低关税，主要选取了国内居民在境外购买意愿较强、关税税率较高的消费品。但是在服务行业我国的开放水平还相对偏低，因此还需要进一步深化相关领域的对外开放制度改革，参照主要贸易强国的开放经验，提高政府部门的行业管理水平，实现更高水平的对外开放。

在对外投资管理方面，我国也需要进一步深化审批制度改革，推进我国优势产业在境外的投资拓展，鼓励中国企业在境外最大最强实业规模，带动国内技术、标准和服务的出口。深化对外投资合作的模式，支持国内企业优化产业布局，利用好境外资源突破核心技术，提高整理竞争力。通过直接对外投资，还能够进一步了解国外市场的需求，缓和我国在国际贸易市场上面临的贸易摩擦。

在对外合作机制方面，由于信息、通信等相关技术的支持，各国之间的联系非常密切，国际贸易规则的影响也已经深入到了贸易国的国内经济，比如在知识产权制度、数据保护等主题都已经成为国际贸易谈判的重要议题，在国际贸易规则制定中的话语权已经成为贸易强国在国际贸易市场上影响力的直接表现。因此进一步增加我国在国际贸易组织中的影响力，提升我国在国际贸易规制制定过程中的话语权就显得更为重要。充分发挥多边体制在国际贸易中的作用，推进全球贸易体制的改革发展，充分利用好各类贸易机制的协调功能，有效预防和应对各类贸易摩擦，帮助国内企业适应国际贸易规则。

参考文献

[1] 陈飞翔，吴琅．由贸易大国到贸易强国的转换路径与对策 [J]．世界经济研究，2006（11）：4-10．

[2] 陈泽星．中国贸易业绩指数：2003 年当期值和 1999~2003 年变化值分析 [J]．国际贸易，2006（4）：18-22．

[3] 崔大沪．强国战略中的中国产业国际竞争力 [J]．世界经济研究，2003（9）：27-33．

[4] 邓军．增加值贸易视角下中国制造业出口竞争力评估 [J]．中南财经政法大学学报，2013（5）：72-73．

[5] 董红，林慧慧．"一带一路"战略下我国对外贸易格局变化及贸易摩擦防范 [J]．中国流通经济，2015（5）：119-124．

[6] 杜国臣．再造中国国际竞争新优势 [J]．金融博览，2016（5）：50-51．

[7] 樊纲，关志雄，姚枝仲．国际贸易结构分析：贸易品的技术分布 [J]．经济研究，2006（8）：70-80．

[8] 冯雷．进口贸易是通向贸易强国的关键：转变外贸发展方式的战略研究 [J]．国际贸易，2014（12）：51-56．

[9] 龚文龙．供给侧结构性改革视角下中国由贸易大国向贸易强国转型的路径分析 [J]．价格月刊，2017（9）：62-66．

[10] 郭东杰，邵琼燕．中国制造业细分行业就业创造能力与比较优势研究 [J]．经济学家，2012（1）：41-48．

[11] 国务院发展研究中心"加入 WTO 后的中国"课题组．细分中国比较优

势 [J]. 领导决策信息, 2002 (18): 22.

[12] 何新华, 王玲. 比拼经济实力: 对外经济贸易强国主要特征和指标分析研究 [J]. 国际贸易, 2000 (12): 14-21.

[13] 洪涛. 贸易大国向贸易强国跨越 [M]. 北京: 经济管理出版社, 2011.

[14] 洪银兴. 从比较优势到竞争优势: 兼论国际贸易的比较利益理论的缺陷 [J]. 经济研究, 1997 (6): 20-26.

[15] 洪银兴. 以创新支持开放模式转换: 再论由比较优势转向竞争优势 [J]. 经济学动态, 2010 (11): 27-32.

[16] 吉缅周, 陈红蕾. 战略性贸易政策理论的新发展 [J]. 财贸研究, 2004 (4): 31-35.

[17] 江静, 路瑶. 要素价格与中国产业国际竞争力: 基于 ISIC 的跨国比较 [J]. 统计研究, 2010, 27 (8): 56-65.

[18] 姜延书, 郭江平. 中国出口贸易服务增加值竞争优势的评价研究 [J]. 工业技术经济, 2015, 34 (10): 13-22.

[19] 金碚, 李钢, 陈志. 加入 WTO 以来中国制造业国际竞争力的实证分析 [J]. 中国工业经济, 2006 (10): 5-14.

[20] 金碚, 李钢, 陈志. 中国制造业国际竞争力现状分析及提升对策 [J]. 财贸经济, 2007 (3): 39-46.

[21] 雷达, 赵勇. 要素流动下的贸易强国之路: 从依附到超越 [J]. 世界经济研究, 2016 (10): 8-11.

[22] 李钢, 董敏杰, 金碚. 比较优势与竞争优势是对立的吗?: 基于中国制造业的实证研究 [J]. 财贸经济, 2009 (9): 95-101.

[23] 李钢, 等. 后危机时代中国外贸发展战略之抉择 [J]. 国际贸易, 2010 (1): 4-11.

[24] 李辉文. 现代比较优势理论研究 [M]. 北京: 中国人民大学出版社, 2006.

[25] 李凯杰. 供给侧结构性改革与新常态下我国出口贸易转型升级 [J]. 经济学家, 2016 (4): 96-102.

[26] 李实, 万海远. 对当前中国劳动力成本的基本判断 [J]. China Economist, 2017 (1): 60-81.

[27] 李西林. 迈向贸易强国: 国际经验及启示 [J]. 国际贸易, 2016 (7):

16 - 20.

[28] 李元. 产业国际竞争力的模糊综合评判模型探析 [J]. 工业技术经济, 2002, 21 (6): 80 - 81.

[29] 林珊, 林发彬. 中国制造业分行业单位劳动力成本的国际比较 [J]. 东南学术, 2018, 268 (6): 98 - 105.

[30] 刘丹, 王迪, 赵蔷, 等. "制造强国" 评价指标体系构建及初步分析 [J]. 中国工程科学, 2015 (7): 96 - 107.

[31] 刘容欣. 东亚经济出口竞争力的比较研究 [J]. 南开经济研究, 2002 (5): 40 - 46.

[32] 刘旭. 加快培育我国参与国际竞争与合作新优势 [J]. 中国经贸, 2013 (17): 6 - 9.

[33] 柳思维. 从贸易大国走向贸易强国的战略思考 [J]. 湖南商学院学报, 2005, 12 (3): 5 - 10.

[34] 柳思维. 从贸易大国走向贸易强国的制度创新思考 [J]. 湖南商学院学报, 2011, 17 (6): 5 - 13.

[35] 隆国强. 寻找对外贸易新动能 打造国际竞争新优势 [J]. 国际贸易问题, 2016 (11): 12 - 14.

[36] 卢跃, 阎其凯, 高凌云. 中国对外贸易方式的创新: 维度、实践与方向 [J]. 国际经济评论, 2017 (4): 116 - 121.

[37] 马淑琴, 戴晋. 影响我国对外贸易水平升级的相关因子研究 [J]. 财贸经济, 2006 (10): 64 - 68.

[38] 毛群英. 衡量贸易竞争力的指标体系及评价方法探析 [J]. 经济管理, 2008 (19): 11 - 15.

[39] 茅锐, 张斌. 中国的出口竞争力: 事实、原因与变化趋势 [J]. 世界经济, 2013 (12): 3 - 28.

[40] 莫兰琼. 迈向世界贸易强国的中国实践 [J]. 上海经济研究, 2017 (3): 51 - 59.

[41] 裴长洪, 刘洪愧. 中国怎样迈向贸易强国: 一个新的分析思路 [J]. 经济研究, 2017 (5): 26 - 34.

[42] 裴长洪, 王镭. 试论国际竞争力的理论概念与分析方法 [J]. 中国工业经济, 2002 (4): 41 - 45.

［43］裴长洪，郑文．中国梦：开放型经济强国之路［J］．中国经贸导刊，2013（14）：4 - 6.

［44］裴长洪．中国特色开放型经济理论研究纲要［J］．经济研究，2016（4）：14 - 29.

［45］乔小勇，王耕，李泽怡．中国制造业、服务业及其细分行业在全球生产网络中的价值增值获取能力研究：基于"地位 - 参与度 - 显性比较优势"视角［J］．国际贸易问题，2017（3）：63 - 74.

［46］芮明杰，富立友，陈晓静．产业国际竞争力评价理论与方法［M］．上海：复旦大学出版社，2009.

［47］商春荣，黄燕．国家竞争力评价理论与方法：演变过程及发展趋向［J］．科学学与科学技术管理，2005，26（6）：22 - 27.

［48］孙杭生．我国确立贸易强国地位的指标体系研究［J］．价格理论与实践，2006（5）：72 - 73.

［49］孙晓，张少杰．产业国际竞争力理论的源流与演化探析［J］．社会科学战线，2015（4）：263 - 266.

［50］王晶晶．国际经济贸易环境下我国对外贸易的转型与升级探究［J］．经济师，2017（10）：147 - 148.

［51］王冉冉．我国离贸易强国还有多远：我国外贸国际竞争力现状分析［J］．世界经济研究，2005（10）：9 - 14.

［52］王涛生．企业国际竞争优势决定因素的理论演进［J］．经济学动态，2006（6）：64 - 68.

［53］王涛生．中国出口竞争新优势的测度与分析［J］．管理世界，2013（2）：172 - 173.

［54］魏浩，马野青．我国与世界贸易强国的差距及对策［J］．经济纵横，2005（2）：21 - 23.

［55］魏浩，申广祝．贸易大国、贸易强国与转变我国外贸增长方式的战略［J］．世界经济与政治论坛，2006（3）：40 - 46.

［56］文东伟，冼国明．中国制造业的垂直专业化与出口增长［J］．经济学（季刊），2010，9（2）：467 - 494.

［57］吴江，张杨．贸易大国与贸易强国的评判及经验研究［J］．财经问题研究，2016（7）：82 - 90.

[58] 吴雪明. 全球化背景下经济强国国际竞争力的评估理念与指标分析 [J]. 世界经济研究, 2007 (12): 27 - 32.

[59] 许德友. 以内需市场培育出口竞争新优势: 基于市场规模的视角 [J]. 学术研究, 2015 (5): 92 - 98.

[60] 闫云凤. 全球价值链视角下 APEC 主要经济体增加值贸易竞争力比较 [J]. 上海财经大学学报, 2016 (1): 75 - 84.

[61] 燕春蓉. 中国与欧盟贸易的比较优势实证分析 [J]. 经济经纬, 2011 (1): 42 - 47.

[62] 杨圣明. 中国走向贸易强国的新战略: 马克思国际价值理论中国化探 索 [J]. 中国社会科学院研究生院学报, 2011 (4): 46 - 59.

[63] 杨枝煌. 中国成为贸易强国的实现路径 [J]. 西部论坛, 2017 (2): 72 - 79.

[64] 姚洋, 章林峰. 中国本土企业出口竞争优势和技术变迁分析 [J]. 世界 经济, 2008 (3): 3 - 11.

[65] 叶冠世, 滕建州, 杜娟. 我国对外经贸形势变化趋势研究: 文献综述 [J]. 工业技术经济, 2018 (2): 156 - 160.

[66] 于国庆. 国际贸易新形势下的对外贸易创新研究 [J]. 价值工程, 2016 (22): 31 - 32.

[67] 余芳东, 寇建明. 世界贸易强国的基本特征以及我国的差距 [J]. 统计 与社会, 2001 (6): 22 - 24.

[68] 张佰英, 王丽娜. 我国出口创造国际竞争新优势分析 [J]. 沈阳农业大 学学报 (社会科学版), 2011, 13 (2): 166 - 169.

[69] 张二震. 从贸易大国走向贸易强国的战略选择 [J]. 世界经济研究, 2016 (10): 6 - 8.

[70] 张金昌. 波特的国家竞争优势理论剖析 [J]. 中国工业经济, 2001 (9): 53 - 58.

[71] 张科. 贸易强国、比较优势和要素禀赋 [D]. 广州: 广东外语外贸大 学, 2006.

[72] 张秋平. 加工贸易转型升级研究进展及评述 [J]. 对外经贸, 2017 (8): 24 - 25.

[73] 张晓兰. 当前全球贸易形势及未来发展趋势 [J]. 宏观经济管理, 2017

（7）：84 - 87.

[74] 张亚斌，李峰，曾铮，等．贸易强国的评判体系构建及其指标化：基于 GPNS 的实证分析 [J]．世界经济研究，2007（10）：3 - 8.

[75] 张燕生．提升经济全球化条件下国际竞争新优势 [J]．中国发展观察，2008（5）：39 - 41.

[76] 张幼文．以要素流动理论研究贸易强国道路 [J]．世界经济研究，2016（10）：3 - 6.

[77] 赵蓓文．实现中国对外贸易的战略升级：从贸易大国到贸易强国 [J]．世界经济研究，2013（4）：3 - 9.

[78] 赵春明．生产要素内涵式演进与国际经济竞争新优势的培育 [J]．新视野，2014（1）：60 - 61.

[79] 赵东麒，桑百川．入世十五年中国产业国际竞争力变动趋势分析 [J]．国际经贸探索，2016（11）：4 - 15.

[80] 郑甘澍，蔡宏波，罗彩瑜．中国实现贸易强国的路径探析：基于国家贸易生态位的国际竞争力实证分析 [J]．国际贸易问题，2013（11）：3 - 13.

[81] 郑展鹏．中国对外贸易结构及出口竞争优势的实证研究 [J]．国际贸易问题，2010（7）：42 - 47.

[82] 周柳军．大力发展服务贸易努力培育国际竞争新优势 [J]．国际贸易论坛，2013（1）：39 - 43.

[83] Carmichael E A. Canada's Manufacturing Sector：Performance in the 1970s [J]. Canadian Study，1978，51：72 - 128.

[84] Cartwright W R. Multiple Linked "Diamonds" and the International Competitiveness of Export-Dependent Industries：The New Zealand Experience [J]. Mir Management International Review，1993，33：55 - 70.

[85] Edmonds C，La Croix S，Li Y . The China's Rise as an International Trading Power [J]. World Development，2001，29（10）：234 - 321.

[86] Ernst D，Kim L. Global Production Networks，Knowledge Diffusion，and Local Capability Formation [J]. Research Policy，2002，31（8 - 9）：1417 - 1429.

[87] Hausmann R，Hwang J，Rodrik D. What You Export Matters [J]. Journal

of Economic Growth, 2007, 12 (1): 1 – 25.

[88] Hopenhayn H A. Entry, Exit, and firm Dynamics in Long Run Equilibrium [J]. Econometrica, 1992, 60 (5): 1127 – 1150.

[89] Hummels D, Ishii J, Yi K M. The Nature and Growth of Vertical Specialization in World Trade [J]. Journal of International Economics, 2001, 54 (1): 75 – 96.

[90] Koopman R, Powers W M, Wang Z, Wei S-J. Give Credit Where Credit is Due: Tracing Value Added in Global Production Chains [R]. NBER Working Papers 16426, 2010.

[91] Koopman R, Wang Z, Wei S-J. Tracing Value-Added and Double Counting in Gross Exports [J]. Social Science Electronic Publishing, 2014, 104 (2): 459 – 494.

[92] Krugman P. Increasing Returns, Monopolistic Competition, and International Trade [J]. Journal of International Economics, 1979, 9 (4): 469 – 479.

[93] Krugman P. Scale Economies, Product Differentiation, and the Pattern of Trade [J]. American Economic Review, 1980, 70 (5): 950 – 959.

[94] Lee F C, Tang J. Productivity Levels and International Competitiveness between Canadian and U. S. Industries [J]. American Economic Review, 2000, 90 (2): 176 – 179.

[95] Melitz M J. The Impact of Trade on Intra-Industry Reallocations and Aggregate Industry Productivity [J]. Econometrica, 2003, 71 (6): 1695 – 1725.

[96] Moon H C, Rugman A M, Verbeke A. A Generalized Double Diamond Approach to the Global Competitiveness of Korea and Singapore [J]. International Business Review, 1998, 7 (2): 135 – 150.

[97] Porter M E. Competition in Global Industries [M]. Boston: Harvard Business School Press, 1986.

[98] Porter M E. On Competition [M]. Boston: Harvard Business School Press, 1998.

[99] Porter M E. The Competitive Advantage: Creating and Sustaining Superior Performance [M]. NY: Free Press, 1985.

［100］ WEF. Global Competitiveness Report ［R］. 2014.

［101］ Yeaple S R. A Simple Model of Firm Heterogeneity, International Trade, and Wages ［J］. Journal of International Economics, 2005, 65 (1): 1 - 20.

后　记

　　本书的工作是在我的博士后工作站导师张力教授的悉心指导下完成的，张力教授严谨的治学态度和科学的工作方法给了我极大的帮助和影响。在此衷心感谢三年来张力教授、李孟刚教授、李建革站长、李珍丹老师、宁静老师、叶娜老师等，以及和我一起工作的同仁们对我的关心和指导。

　　感谢湖南工商大学经贸学院各位领导及教授们，他们是柳思维、向国成、陆杉、刘天祥、彭炳忠、刘乐山、颜建军、尹元元以及国贸系的所有同事们，他们给予我工作、学习和生活中的帮助与支持将成为我不断前进的动力，特别是本书第二作者罗双临教授，她给予了本书很多的数据支持，谢谢她！

　　感谢湖南大学经贸学院我的博士导师刘辉煌教授研究团队中的彭绍臣、吴建军、李峰峰、郭娟、潘菁、李利、邝希聪、代迪尔、时峰、庄树坤、李子豪、吴伟、肖慧敏等众位师兄弟姐妹们，在与他们学习交流中，我学到很多，多年来与他们结下的深厚友谊，将使我终身受益！

　　最后感谢我的家人，他们是我一生最珍贵的所有，特别是在湖南卫视总编室工作的丈夫罗强良、在湖南广益实验中学高二 K2013 班就读的女儿罗贝尔以及在万婴藏珑幼儿园 K3A 班的儿子罗习尔，他们在我的学术研究中给予我巨大的精神支持，还有我的父母、弟弟一家以及所有关心我的亲戚、朋友们，他们的支持和勉励使我无后顾之忧，潜心学术。他们为我付出了很多，我却无以为报，让我内心感动并有着深深的歉意，唯有祝他们健康幸福，快乐平安！

　　最后，感谢本书的所有评审与读者们，因为你们的鼓励与批评，我的研究工作将更加具有方向性和目的性。祝天下所有师长和学者们好人一生平安！祝福我所有的家人、朋友、同学、同事们，在各自的生活学习工作中万事顺意！

　　谨以此书献给他们，特别是我的贝尔和习尔，希望他们能快乐成长，一生无忧！

谭飞燕

2021 年 9 月